ほったらかしで
老後資金が増える！

# 今すぐできる！
# iDeCoと つみたて NISA 超入門

扶桑社

※２人以上世帯 35.1%、単身世帯 26.7%

現実を見ないまま漠然と「不安だ」と感じている人が多いのでしょうが
モヤ…
モヤ…
不安
具現化!
この先どれだけ厳しい将来が待っているのかを知り不安を具現化する必要があると思います
……ですよね
例えば、日本人は貧しくなっています
80年代バブルを経験した方はわかると思うのですが
1980年代後半は日本がお金持ちだったので企業は海外で不動産などの資産をさかんに買っていました
身近なところでは20代の会社員がブランド物を身につけていたものです
ところがいまはそうではない

高くて買えないんです
¥300,000
¥150,000
30年前には15万円くらいで買えたバッグがいまでは30万円になっている
詳しいことはこの本で説明しますが簡単にいうと日本が貧しくなったからです
買えない
ムリ
経済が衰退する国のお金は売られてきたという歴史的な経緯もありますしね
日本は小麦や大豆など食生活に欠かせない食品の多くを輸入に頼っています
小麦
値上がり
ぐんぐん
円安
もしも円の価値が下がって円安が進んだらいままでよりも多くのお金を出さないと同じ量を買えなくなります
あの…ますます将来が不安になってきたのですが…どうすれば?
プルプル
カタカタ
解決方法はズバリインフレに負けない資産を持つことです!

税制優遇メリットがある「ｉＤｅＣｏ」と「つみたてＮＩＳＡ」を活用して資産形成するのです
要するに投資をして「お金に働いてもらう」のです
「ｉＤｅＣｏ」や「つみたてＮＩＳＡ」を活用して世界中の株式に分散投資する投資信託を積み立てることが有効な選択肢のひとつだと言えます
で、でも難しそうで不安です…
さく
そう、投資というと「難しそう」と二の足を踏んだり「勉強しないとできない」と尻込みする人もいます
でも、始めなければいつまでたっても資産を作れないんです
ビシ
ウッ…
慎重になりすぎる人が多いのかもしれませんね
「畳の上の水練」ということわざのとおり実地で経験を積まないと役に立ちません
バン
さくり
そ、そのとおりですね…！
ウワーン

投資もまずは一歩踏み出す！
そのときにやるべきことは
「iDeCo」や
「つみたてNISA」の
制度を理解すること
そして
これらの制度を活用して
「長期・積立・国際分散」
投資をすることです
Point 1 長期
Point 2 積立
Point 3 国際分散
「長期・積立・国際分散」投資！
メモ
メモ
やってみたいです！
ええと…まずは
どうすれば？
師匠!!
この本では、私たちが
制度と「長期・積立・
国際分散」投資を
わかりやすく
解説していきます
それを読んで
ほぼマネするだけで
将来への備えを
始められます
親切
設計！

し、仕事もあるので あんまり時間は かけられないんですが…
OK!
もじもじ
資産運用に それほど多くの時間を かける必要はありません
むしろ、仕事や家庭生活、交友関係、趣味などに 時間を使ったほうが 有意義ではないでしょうか
同感です 人生はお金が 目的ではありません
私たちは、その人にとっての「大切なこと」を実現するために 生きているはずです
お金はそのための 手段ですよね
老後にお金があれば 自分も家族も 安心できます
一日でも早く一歩踏み出せば それだけハッピーな 老後を送れる可能性が 高まるんです
つみたてNISA
iDeCo
お金に働いて もらって、あなた 自身も世の中も一緒に 豊かになりましょう!
よーし! 未来に投資 始めるわ!

今すぐできる! iDeCoとつみたてNISA超入門

# CONTENTS 目次

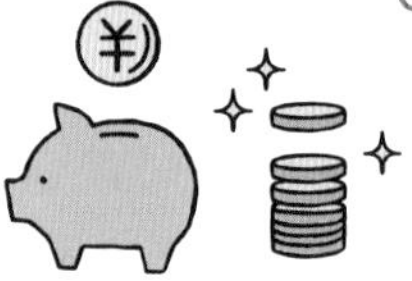

Chapter 2
# 今から準備する老後資金のつくり方

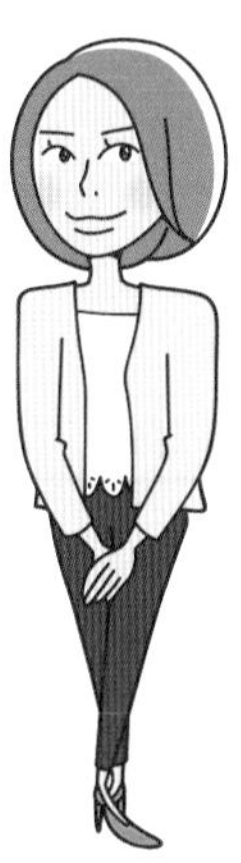

Chapter

# 1

# 「老後の不安」の原因をズバリ解明！

# 取るべき対策を理解しよう

「老後のお金が心配」と考えていませんか？
この本を手に取られたということは、たぶん、そう思っているのでしょう。でも、「不安」に感じるその背景には何があるのでしょうか。

Chapter1では、その理由をわかりやすく解明しながら、不安を解消するために、今から何をすればいいのかを説明します。

なかには、「貯金があるから大丈夫でしょう？」と思う人がいるかもしれません。でも、本当にそうでしょうか？

その理由についてもお話しします。

まずは不安の原因を解明しましょう

# 日本人はどんどん貧乏になっている

## ドル建ての賃金では30年間ほぼ変わらない

あなたは、将来に不安を感じていませんか？

感じているなら自分自身で暮らしを守りましょう。残念ながら日本の未来は明るくないし、どんどん貧乏になっています。

日本は世界第3位の経済大国です。ところが、国民の実質的な豊かさを表す「一人あたり購買力平価GDP」（2019年）では、**今や世界35位**。シンガポールや米国、ドイツなどの国に比べて伸びるスピードが緩やかです。

もう少し具体的なお話をしましょう。日本がバブル景気に沸いていた1990年頃、シャネルのマトラッセチェーンショルダーは15万円程度で売られていました。現在では、それと似たデザインのクラシックスモールハンドバッグが83万円ほどです。「ちょっと手が出ない……」と思いませんか？　でも、**世界に目を向けると、この値段でも買える人がいる**のです。

国際的な経済機関OECDの調べでは、日本人の平均賃金は1990年が年間3万6879ドル、2018年が3万8462ドルです。これに対し米国は1990年が4万6975ドル、2018年が6万9392ドル。OECD加盟34か国の平均は1990年が3万6941ドル、2018年が4万8219ドルです。米国は1・5倍、OECD平均も1・3倍になっています。**諸外国に比べて日本は相対的に貧しくなっている**……。これが現実です。

## 世界の一人あたり購買力平価GDPランキング（2019年／単位：米ドル）

| | | |
|---|---|---|
| 1 | マカオ | 132,539ドル |
| 2 | ルクセンブルク | 120,962ドル |
| 3 | シンガポール | 102,573ドル |
| 4 | カタール | 93,851ドル |
| 5 | アイルランド | 89,431ドル |
| 11 | 米国 | 65,279ドル |
| 14 | 香港 | 62,106ドル |
| 19 | ドイツ | 55,891ドル |
| 26 | フランス | 49,377ドル |
| 28 | イギリス | 48,513ドル |
| 34 | 韓国 | 42,727ドル |
| 35 | 日本 | 42,197ドル |

出典：世界銀行

## 主要国の国民一人あたり購買力平価GDPの推移

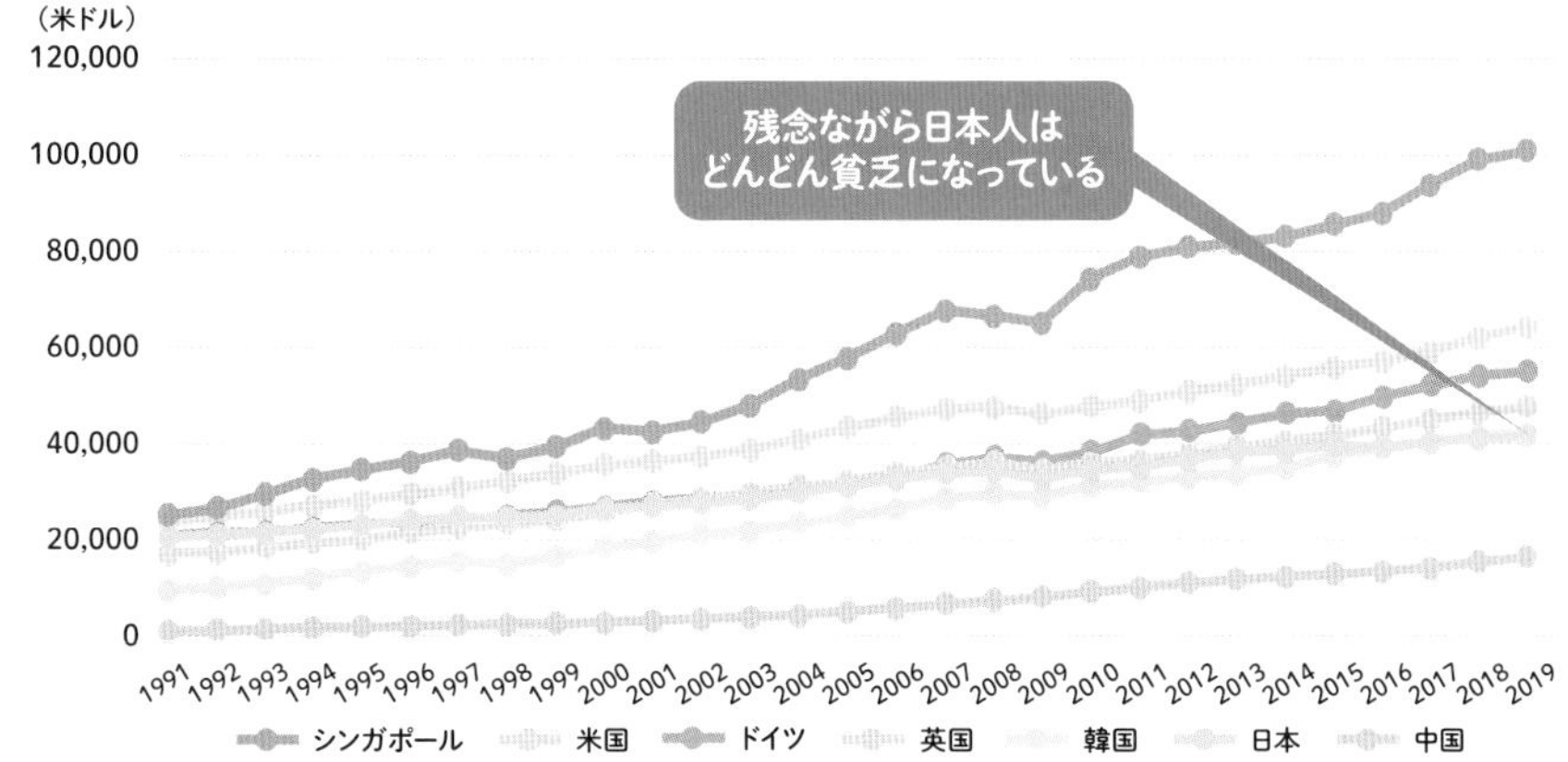


出典：世界銀行

# 国の借金問題は悪化の一途。返すのは国民

## 借金のツケは国民に回される

日本は膨大な借金を抱えています。左表からもわかるように、**国の債務がＧＤＰに占める割合は、日本が世界ワースト１位**です。

ＩＭＦ（国際通貨基金）の調べでは、日本の借金は遠からずＧＤＰの２・５倍になると見られています。また、財務省で２０２０年12月末に国の借金が１２００兆円を突破し、**国民一人あたりの借金は約９８３万円**だと発表しています。

国の借金は、政府の信頼性が維持されている限りは期限が到来するたびに、借り換えができますが、財政支出を拡大しつづければ、やがて**日本国債の暴落**が現実味を帯びてきます。そうなると国際的信用を維持するためには国民の資産を政府に移転せざるを得なくなるわけで、それに対応する政策として**「増税」と「インフレ」**という２つの方法が考えられます。

増税をすれば国の収入が増えます。インフレにするとお金の価値が目減りするので、円建ての借金負担は軽くなります。ですが、インフレでお金の価値が下がると、私たちが持っている現金や預貯金、年金の価値も目減りします。要するに、国の借金の大半が国民の資金で賄われている日本ではインフレ政策によって国の債務を軽減させることができるのです。

**世界一の借金大国の日本**が潰れずにいる背景には、国民に犠牲を強いられる可能性を認識しておくべきでしょう。

## 政府総債務残高のGDP比率 ワーストランキング（2019年／単位:%）

| | | | | | |
|---|---|---|---|---|---|
| 1 | 日本 | 234% | 11 | ポルトガル | 116% |
| 2 | ベネズエラ | 232% | 12 | ジンバブエ | 112% |
| 3 | スーダン | 200% | 13 | 米国 | 108% |
| 4 | エリトリア | 189% | 14 | アンゴラ | 107% |
| 5 | ギリシャ | 184% | 15 | ブータン | 106% |
| 6 | レバノン | 174% | 16 | モザンビーク | 103% |
| 7 | イタリア | 134% | 17 | バーレーン | 102% |
| 8 | シンガポール | 129% | 18 | フランス | 98%※ |
| 9 | バルバドス | 126% | 19 | ベルギー | 98%※ |
| 10 | カーボベルデ | 124% | 20 | ベリーズ | 97% |

出典：IMF「World Economic Outlook Database, April2021」

※フランス98.07%　ベルギー98.059%

## 日本の政府総債務残高（金額と対GDP比）

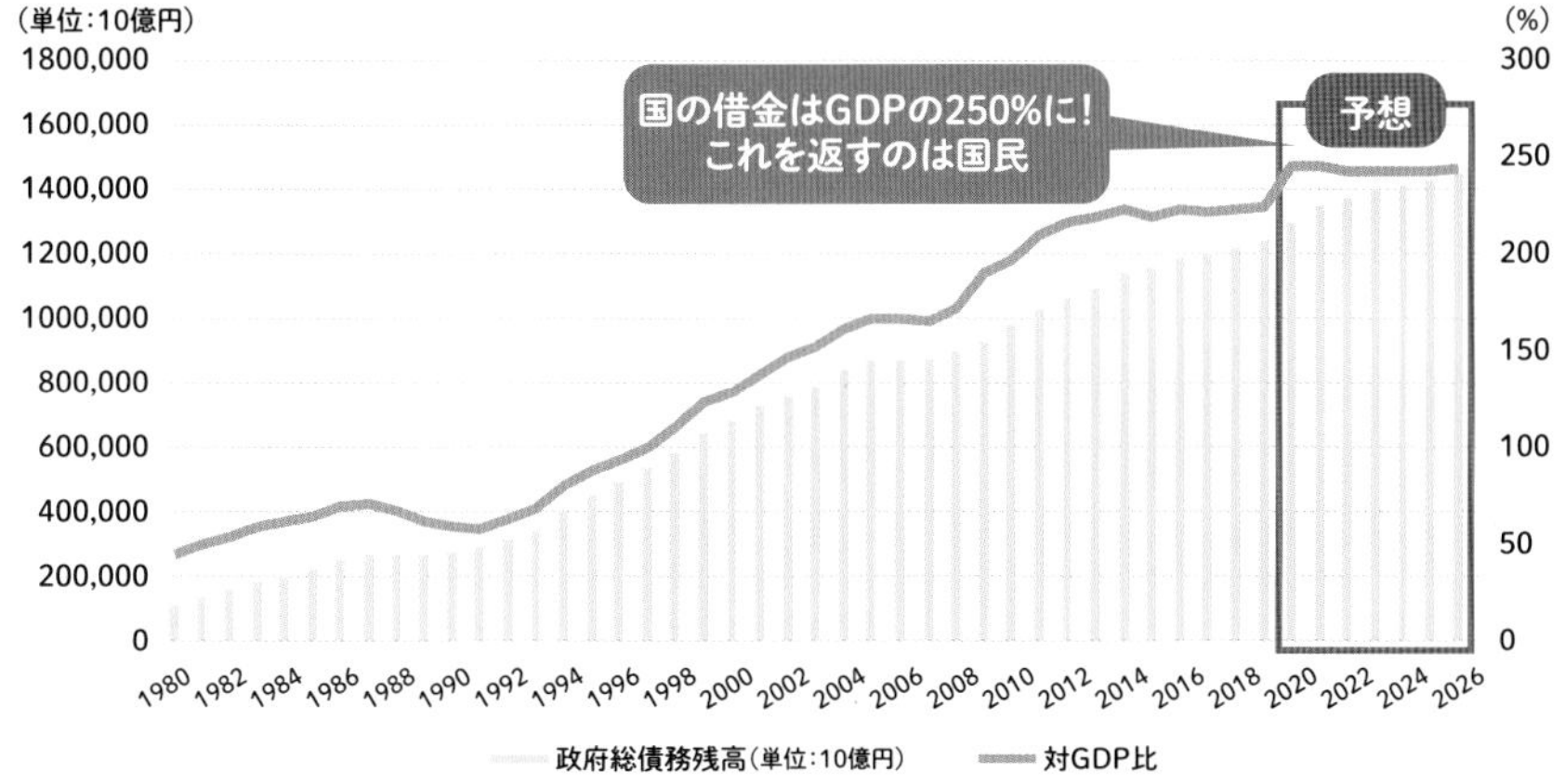


出典：IMF「World Economic Outlook Database, April2021」

# みんなが老後に不安を感じている

## 不安を感じるのは「お金がない」から

日々の暮らしや将来に不安を感じている人がどのくらいいるか、ご存じでしょうか。

内閣府の「国民生活に関する世論調査」（2019年）によると、**63・2%の人が日常生活の中で「悩みや不安を感じている」**そうです。悩みの中身で最も多いのが**「老後の生活設計について」**で56・7%（2019年）に上ります。「今後の収入や資産について」をあげる人も4割超います。

なぜ、老後の生活設計に不安や悩みを感じるのかといえば、**「お金がない」**からでしょう。暮らしに身近な金融に関する幅広い情報提供を行う金融広報中央委員会の調査では、高齢者の約2割が金融資産、つまりお金を持っていません。その一方で、金融資産が3000万円以上ある人も約2割います。

もしも、あなたが感じている不安が「お金がない」ことなら、「不安を解消する方法がある」と声を大にして言えます。それが**「長期投資・積立投資・国際分散投資」**という投資行動3原則です。

こう言うと、「それって難しいでしょう?」と思う人がいるかもしれませんね。ですが、それは単なる思い込みです。投資行動3原則を守り、それに適した投資信託を選べばまったく難しくはありませんし、誰でも今日から始めることができます。**一歩を踏み出す勇気**さえあれば、着実に不安を解消できるのです。

## 「悩みや不安」の中身

### 6割近くが「老後の生活設計について」不安や悩みを感じている

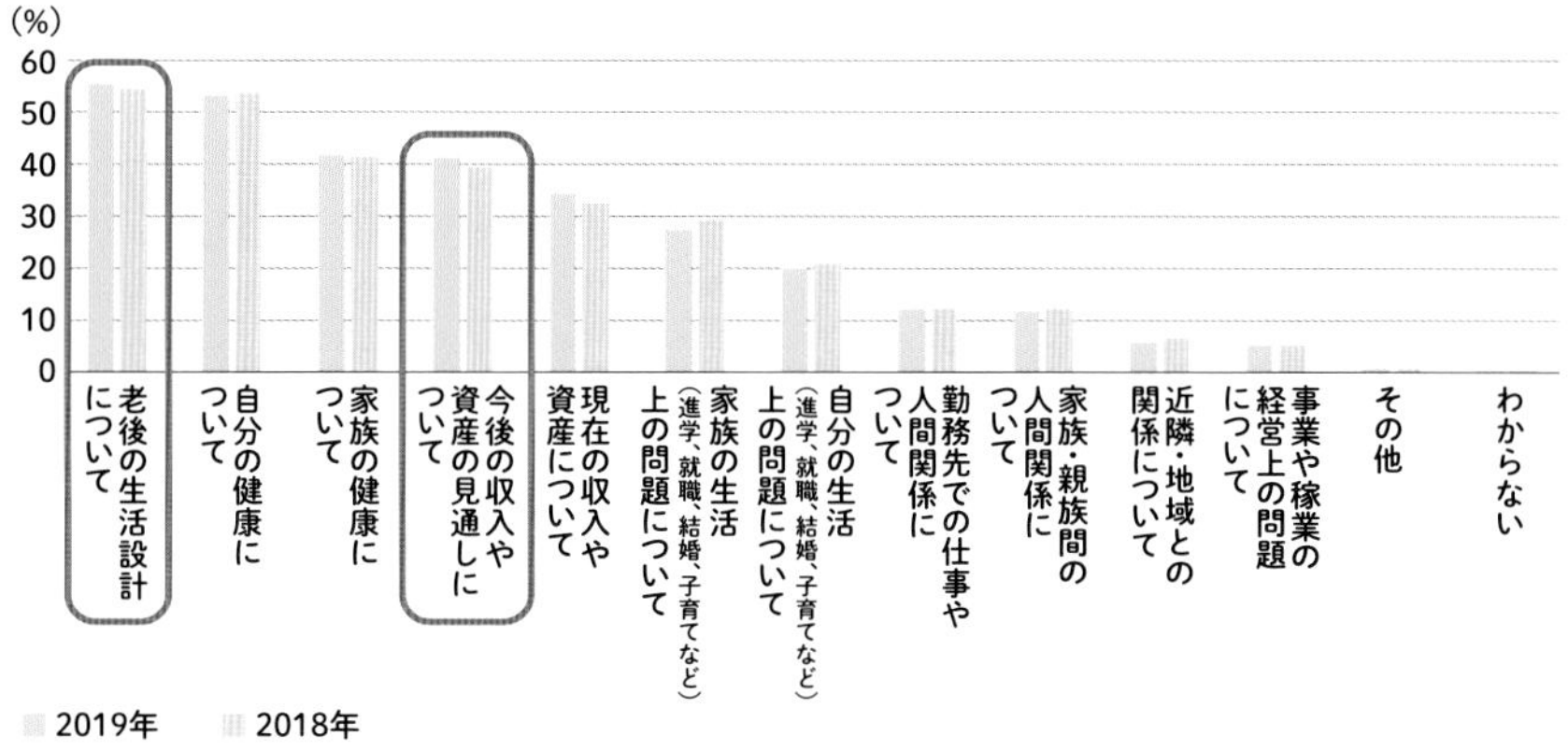


出典：内閣府「国民生活に関する世論調査」（令和元年（2019年）／平成30年（2018年））

### 高齢者の2割近くが金融資産を持っていない

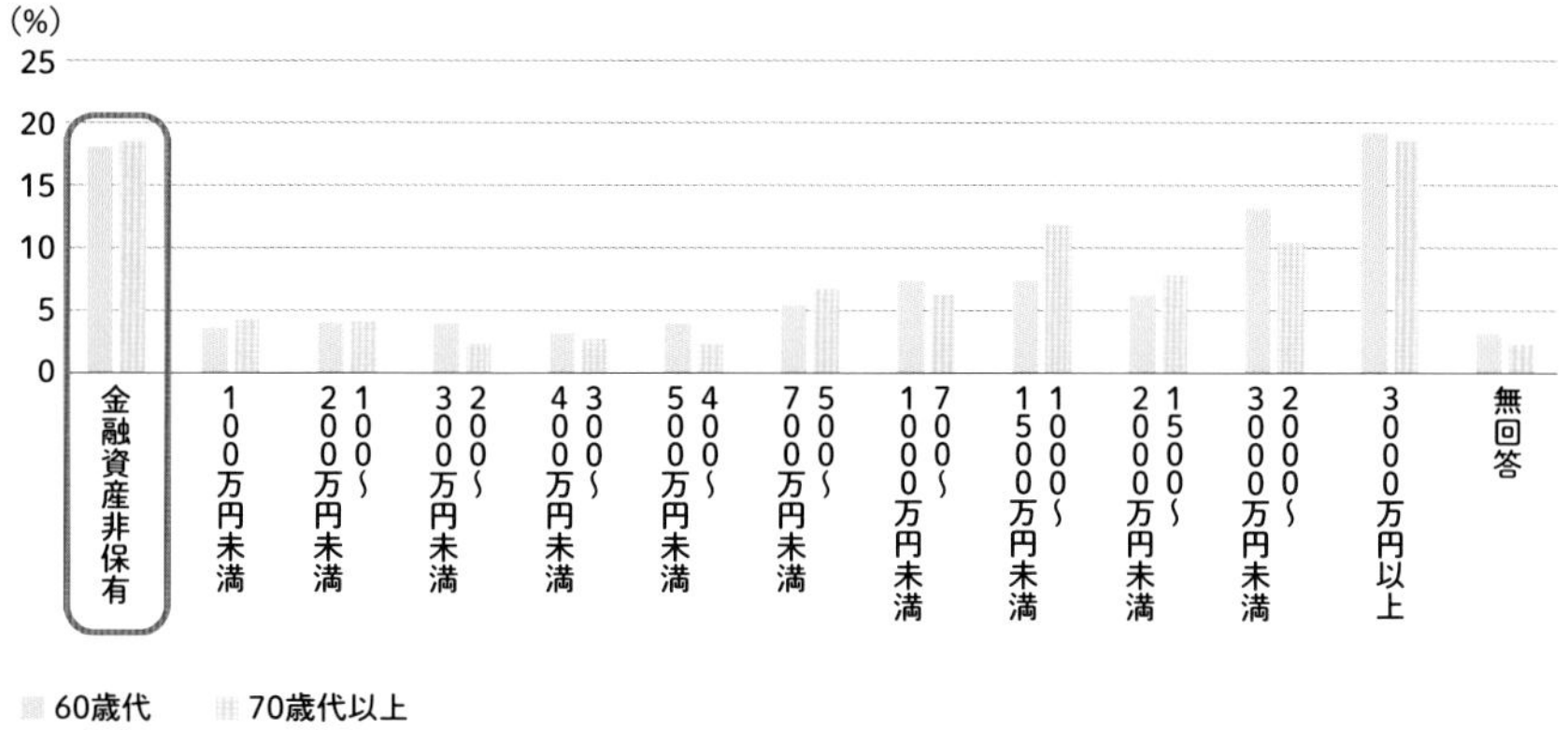


出典：金融広報中央委員会「家計の金融行動に関する世論調査」（二人以上世帯調査、令和2年）

# 「老後2000万円問題」とは何だったのか

## 誰もが２０００万円必要なわけじゃない

２０１９年に金融庁の金融審議会「市場ワーキング・グループ」で提言をまとめた報告書が、〝年金２０００万円問題〟として話題になりました。

私は、当該委員の一人なので断言できますが、この提言のタイトルが「高齢社会における資産形成・管理」であるように、メーンテーマは年金問題ではありません。

メディアもそれをわかっているのに、年金部分だけが注視されたのです。このようないきさつはあるものの、〝２０００万円問題〟が契機となり、**世代を問わず資産形成の必要性への認識が高まった**ことは間違いありません。

ちなみに、〝２０００万円〟は、夫65歳以上、妻60歳以上で夫婦のみの無職世帯という「モデルケース」では、収入が支出を**毎月５・５万円下回る**という試算です。この夫婦がこの先20年生きると**約１３２０万円、30年生きると１９８０万円を金融資産から補填**することになるとしています。

ただし、誰もが２０００万円必要なわけではありません。収入の範囲内で暮らせば金融資産はゼロでもいいかもしれません。１７５０万円程度の金融資産がある場合は、２５０万円用意すればいい計算です。

そもそも、「人生１００年時代」は、**60歳や65歳で引退する必要はありません**。働き続けて収入を得て資産運用も続ければ、それほど心配する必要はないでしょう。

## 高齢夫婦無職世帯（夫65際以上、妻60歳以上で夫婦のみの世帯）

### 実収入と実支出との差は月5.5万円程度

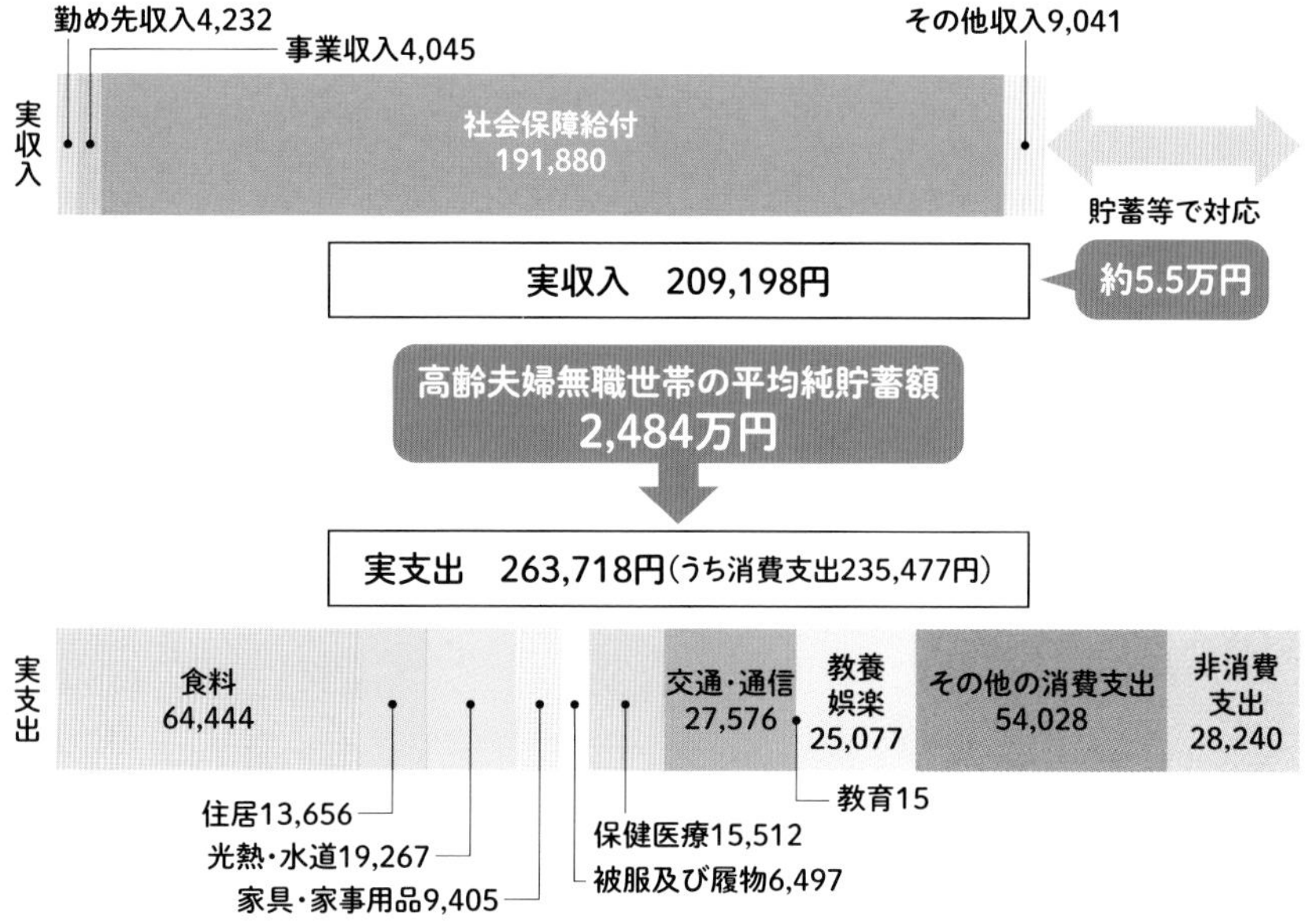


出典：金融審議会 市場ワーキング・グループ報告書をもとに編集

### ● 毎月の不足額5.5万円でリタイア後に30年生きたとすると……

**月額5.5万円 × 12か月 × 30年 ＝ 1,980万円**

この場合は、リタイアまでに
1,980万円を用意する必要がある

用意する必要のある金額は、
それほど多くはないけれど……

### ● 高齢者の金融資産の平均額は1,750万円程度ある

| | 平均 | 中央値 |
|---|---|---|
| 60歳代 | 1,745万円 | 875万円 |
| 70歳代以上 | 1,786万円 | 1,000万円 |

金融資産が少ない順に並べたときに、真ん中にくる値

出典：金融広報中央委員会「家計の金融行動に関する世論調査」（二人以上世帯調査、令和2年）

# 「投資なんてしなくても大丈夫」は大間違い

## 「インフレに負けない資産を持つ」が必須に

先ほど「老後の生活設計」について不安や悩みを抱えている人が約6割いるとお話ししました。ところが、**老後を目前に控えた50代でも23・4％が老後の生活設計を考えていません。**考えていない人に「いつから考えたいか」をたずねる質問に対して、「50代」が34・2％、「60代」が47・4％と回答しています。

多くの人が「老後のことはわからない」や「老後の生活を考えると不安になるから」と答えているのです。

既に説明したように、日本はどんどん貧乏になっていますし、これからは**本格的なインフレを前提とした社会への転換**を意識しておく必要があります。デフレの時代は、相対的にお金の価値が上がっていたので、節約することで運用したのと同様の経済効果を得ることができました。しかし、インフレが進むと節約して預貯金を増やしたところで、**お金の価値が目減りしてしまいます。**

インフレ時代には、**インフレに負けない資産**を持たなくてはなりません。

例えば、株式投資の期待リターンは、健全な範囲のインフレであれば、基本的にインフレ率を上回ります。そのため、株式に投資しておくことはある程度インフレが進んでも資産価値が目減りせずに済む可能性が高まるのです。「投資なんてしなくても大丈夫」は、大間違いです。

## 老後の生活設計を考えたことの有無

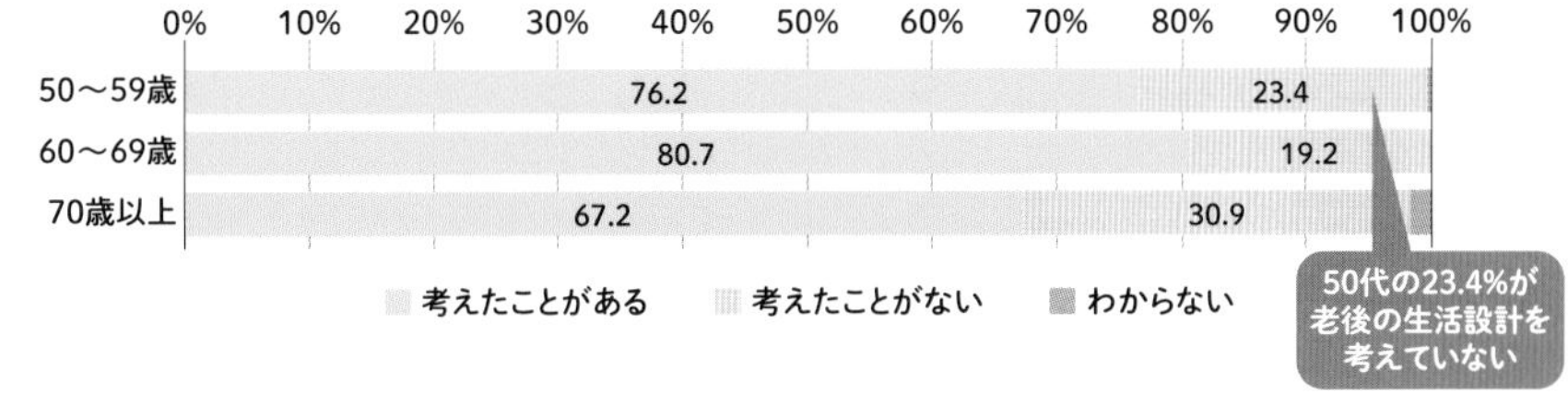


## 老後の生活設計を「考えたことがない」人は、いつから老後の生活設計を考えたいか

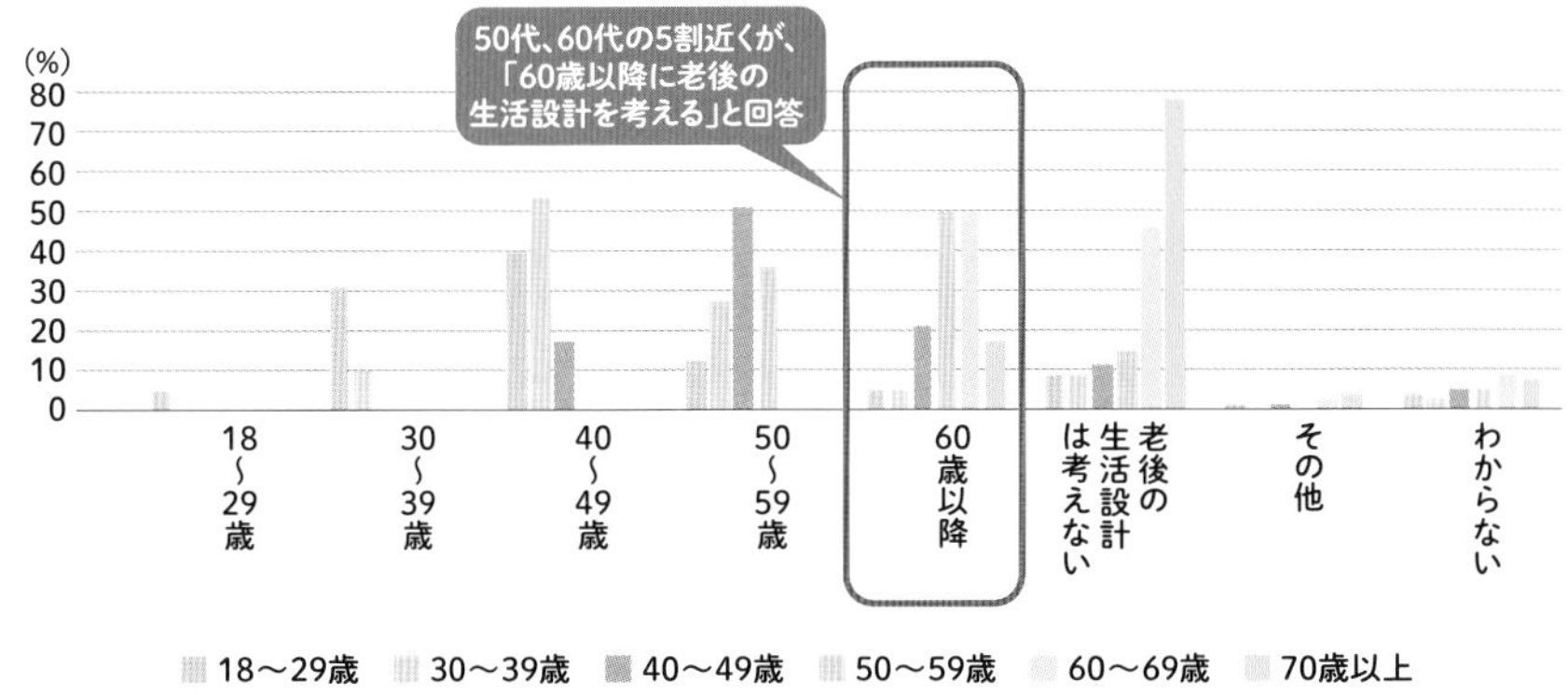


## 老後の生活設計を考えたことはない人が、「考えたことはない」理由

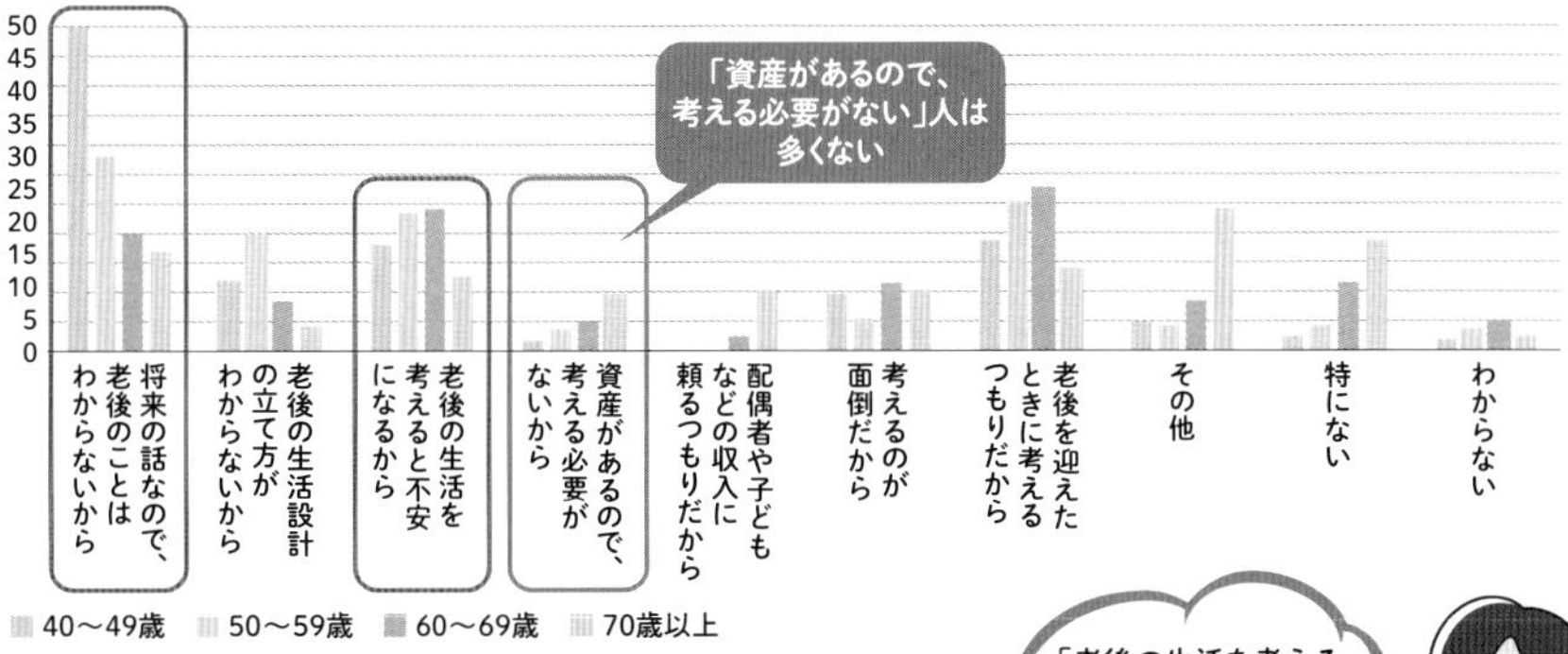


出典：内閣府「老後の生活設計と公約年金に関する世論調査」（平成30年）

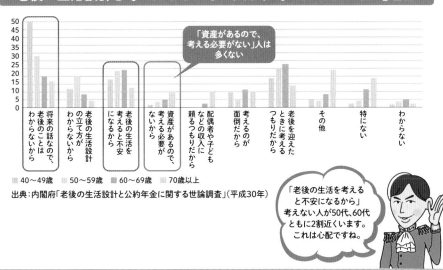

# 預貯金だけで老後資金をつくるのは難しい

## 世界中に分散投資する投資信託を積み立てる

将来に備えて、毎月しっかり貯金をしている人もいるのではないでしょうか。ですが、仮に毎月10万円ずつ貯めても、**預金金利が0・01%**ならば、10年後の貯蓄額は1200万5952円。税引前でも、**たったの5952円しか増えません。**そのうえ、将来に備える資産が預貯金だけだと、インフレが起きたときに、実質的に資産が目減りする可能性があります。

問題を解決する方法は、インフレに負けない資産を持つことです。そのためには、2章、3章で解説する**「iDeCo」と「つみたてNISA」**を利用し、**税制優遇メリットを享受しながら、世界中の株式や債券などに分散投資する投資信託で積み立てることがベスト**な選択肢だと私は考えています。

「株式や投資信託を持つと資産が減るのでは？」と考える人がいるかもしれません。資産が減るのは間違った投資をするからです。左図を見てください。過去20年で**米国の家計の金融資産は2・7倍、英国の金融資産は2・3倍**に増えています。どちらも運用リターンによる押し上げ効果が大きく作用しています。なかでも米国では、株式や投資信託などの金融商品での運用が、金融資産を増やすうえで大いに効果を発揮したことがわかります。これに対し、**日本の金融資産は1・4倍にしかなっていません。**残念ながら、預貯金だけで老後資金を準備するのは、難しいことは確かです。

## 日米英の家計金融資産の推移－日本では運用リターンによる金融資産額の伸びが小さい！

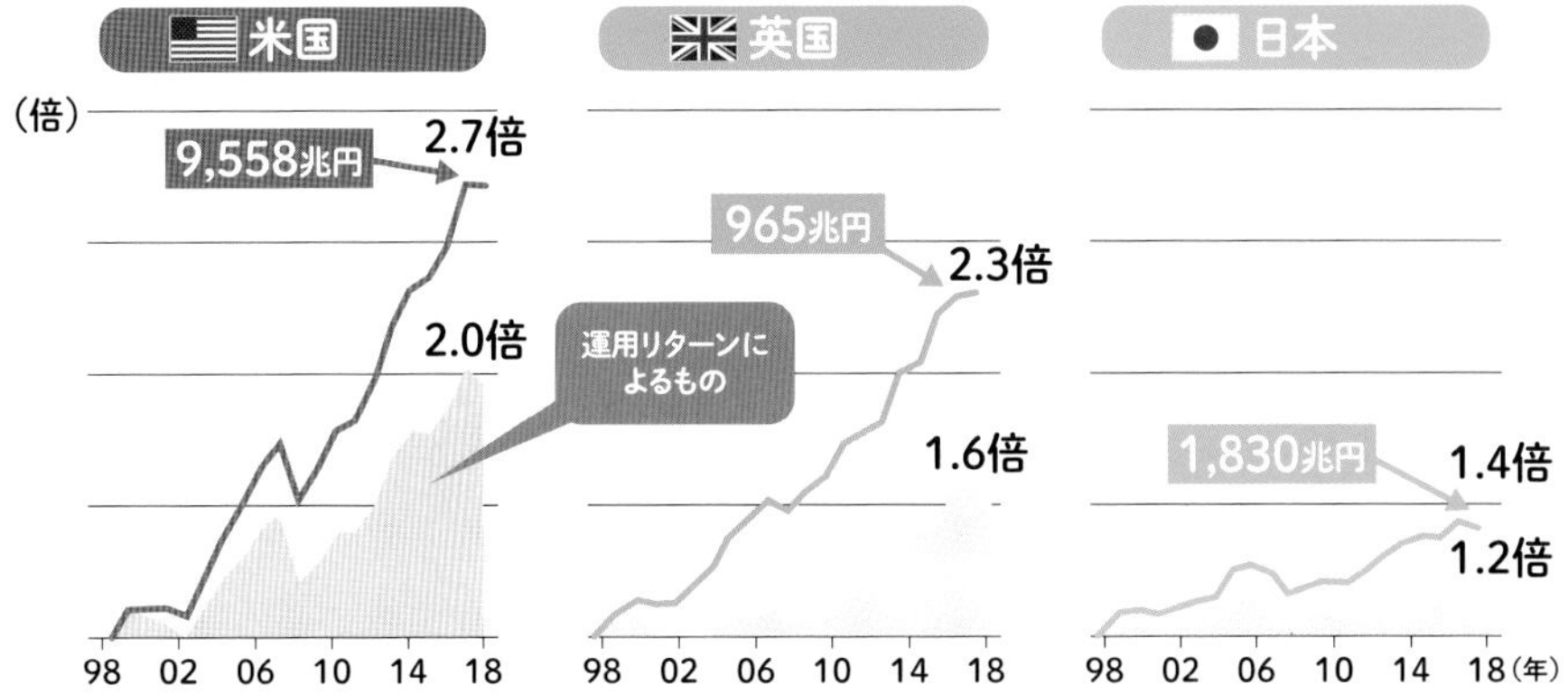


出典：金融庁（FRB、BOE、日本銀行より 金融庁作成）
（注）1998年=1とする

## 日本では効果的な資産形成が行われていない

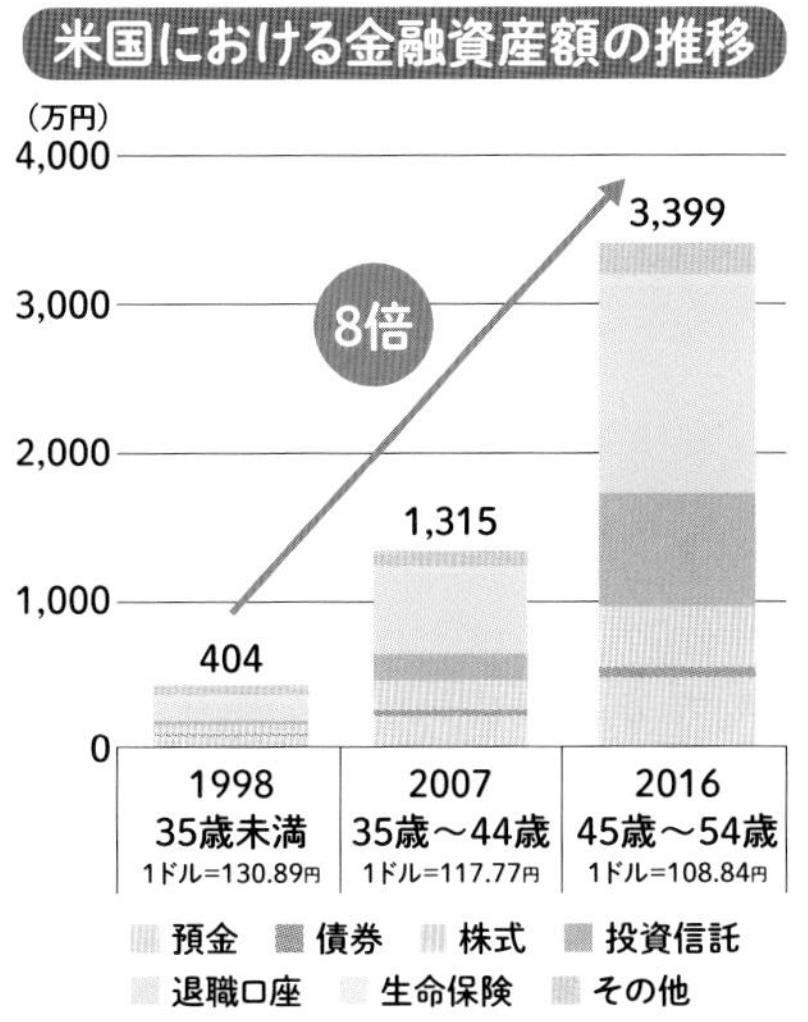


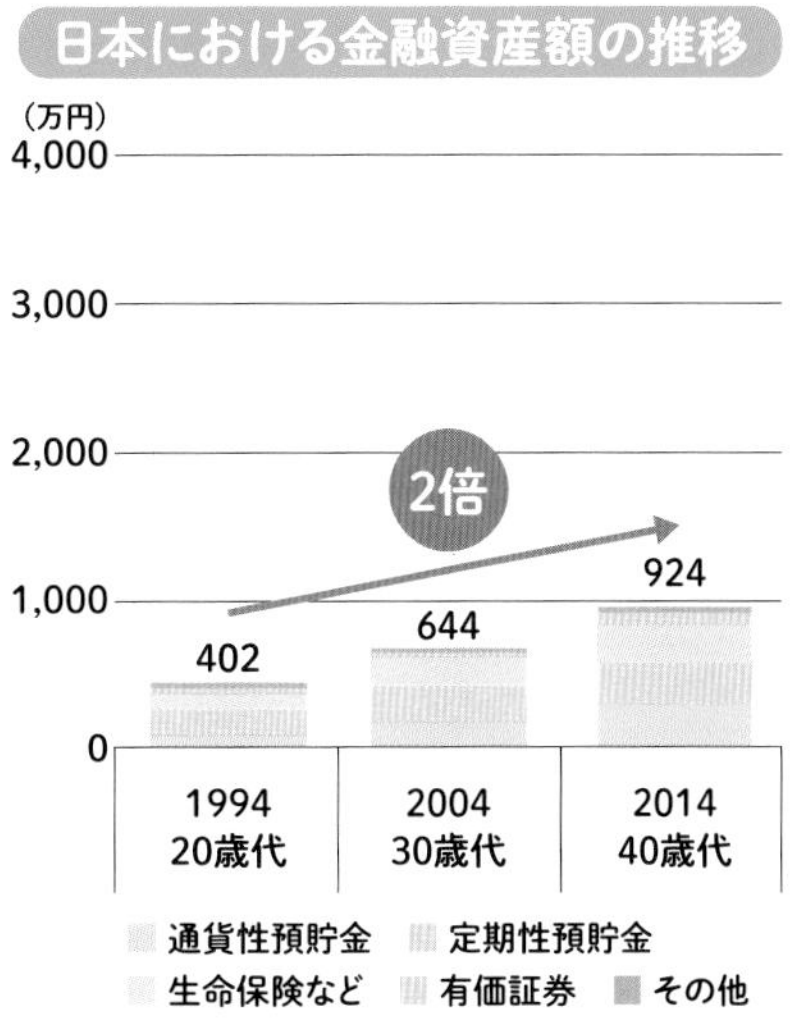


出典：金融庁
米国：（注）金融資産額は、各年の円ドル相場の平均を用いて円換算。
（資料）FRB「Survey of Consumer Finances」
日本：（資料）日本銀行「外国為替市況」、総務省「全国消費実態調査」

# 投資をするなら非課税制度を使わないとソン

## 非課税＋投信積立が資産形成のツボ

前ページの図で米国の金融資産の「退職口座」という項目に気づいた方もいるでしょう。これは、米国の退職後資金積立制度で、掛金や運用収益に対する税制優遇措置があります。米国人は運用した結果、豊かになったとはいえ、みんなが投資のプロではありません。多くの場合、**国が用意した制度で投資信託を積み立てて、資産を増やしている**のです。

実は、日本にも税制優遇のメリットを享受しながら投資信託を積み立てて資産形成できる制度があります。それが**「iDeCo」と「つみたてNISA」**です。日本と米英両国との家計金融資産に大きな差がついてしまったので両国の制度を参考にして政府がつくったものです。この2つの制度は、**資産形成の強い味方になる、素晴らしい制度**です。にもかかわらず、いまだに制度そのものを知らない人が少なくありません。制度を知っている人でも、口座を開設していない人が多いのです。これは、あまりにももったいない話です。

例えば、iDeCoやつみたてNISAには、**運用益が非課税**になるメリットがあります。運用で得た利益が100万円あった場合、通常（課税口座で運用した場合）は20・315％の税金が課されます。この制度を使えば、金額にして20万円以上も節約することができます。

各制度については、2章以降で井戸美枝さんが解説してくれます。

## つみたてNISAの認知度

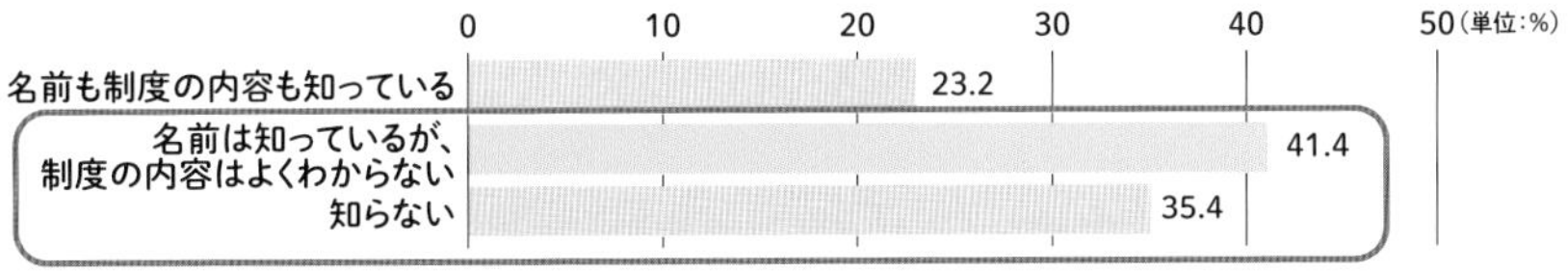


## つみたてNISA　制度の利用状況（制度認知者）

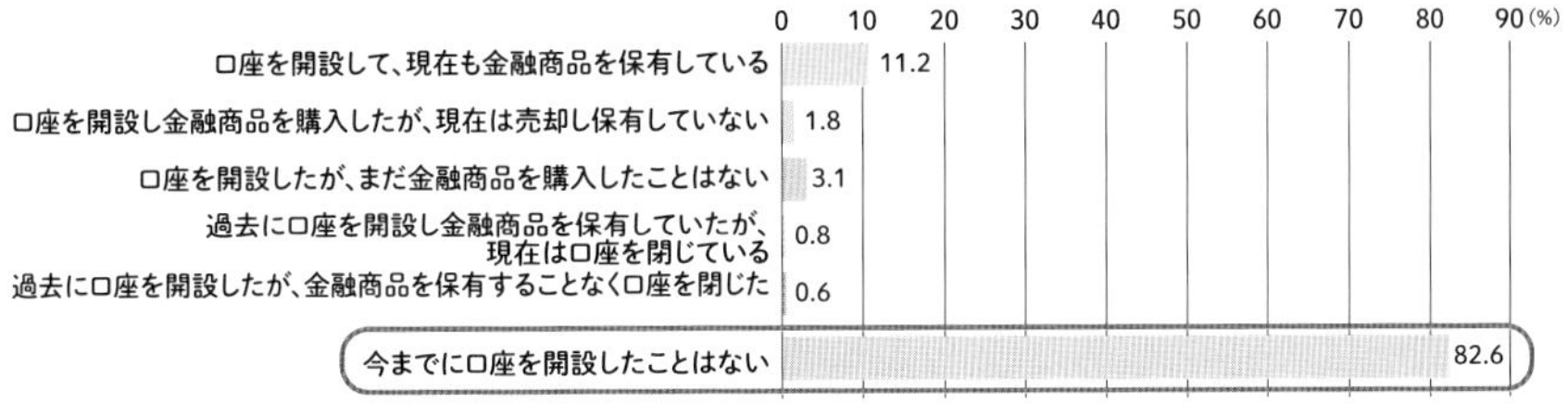


## iDeCoの認知

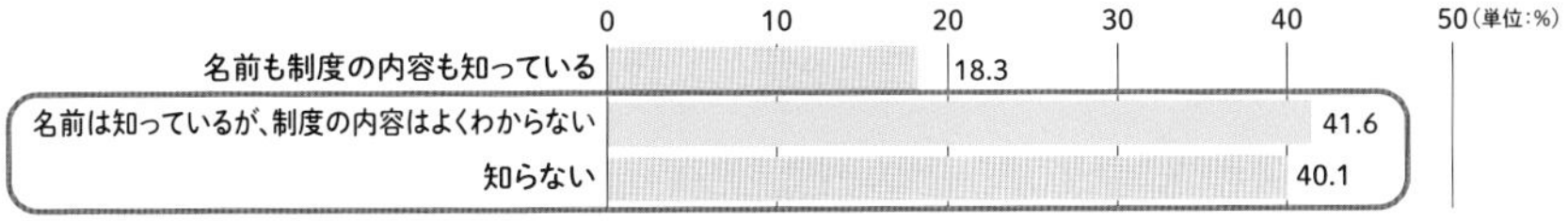


## iDeCoの利用状況（60歳未満の制度認知者）

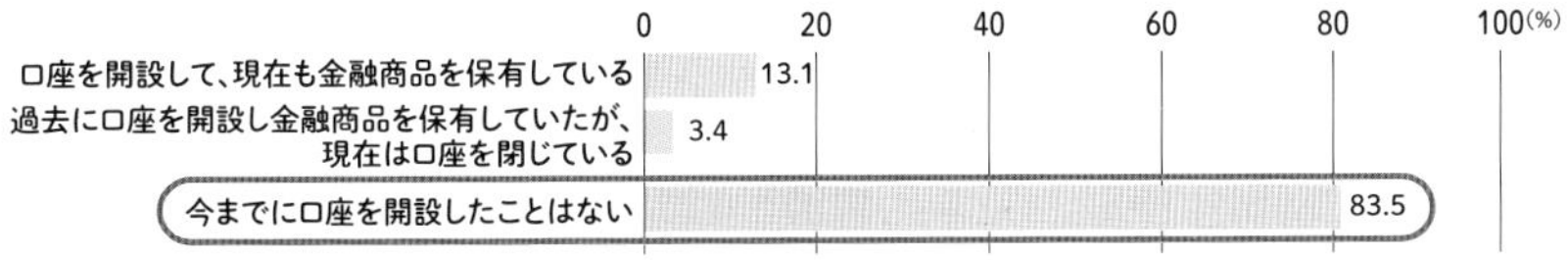


出典：一般社団法人 投資信託協会
「2020年（令和2年）投資信託に関するアンケート調査
（NISA、iDeCo等制度に関する調査）報告書」をもとに作成

# DC（企業型確定拠出年金）をほったらかしにしていない？

確定拠出年金には、個人型確定拠出年金（ｉＤｅＣｏ）と企業型確定拠出年金（企業型ＤＣ）があります。企業型ＤＣに加入する人は、預金に置いたままほったらかしにするケースが多いのではないでしょうか。

その理由は、会社が提供している年金制度に無関心であることです。

長期にわたるゼロ金利で企業は予定利回りを確保できなくなり、年金制度を会社に代わって、社員各人が運用指図をする企業型ＤＣに切り替えざるを得なくなったわけですが、それの意味と社会的背景を考えることなく、いまだに自分の働いている会社は安泰で、定年まで勤めればそれなりの退職金をもらえると思い込んでいる人が少なくないのです。

もうひとつは、投資・運用は怖いことと、ひたすら減ることを恐れるパターンです。増えなくてもいいと思考停止のまま、増えないけれど減る心配はないという元本確保型の保険を選択する人たちが相変わらず相当数存在します。

どちらにしても、自らしっかり運用していかなければ、退職時に自身が想定していた退職金には育っていないことになるのです。

ＤＣ制度は企業型もｉＤｅＣｏも併せて、将来に向けた真っ当な運用を続け、同時に「つみたてＮＩＳＡ」を活用して本気で長期投資に取り組んでください。コツコツと将来の自分に仕送りするつもりで、資産形成へと自ら考え行動する人だけが、納得のいく豊かな人生を享受できるでしょう。

Chapter
# 2

# あなたはどのタイプ？
# 今から準備する老後資金のつくり方

『令和3年版高齢社会白書』によると、令和元年現在の平均寿命は男性81.41年、女性87.45年で、さらに令和47年には男性84.95年、女性91.35年となり、女性は90年を超えると見込まれています。

確かに街中を歩いても健康な高齢者をよく目にします。

長生きはいいことです。そのためには健康的な生活が前提条件となり、そこには「お金」も必要です。

この章では6つの一般家庭のケースでこれからの老後資金の蓄え方をシミュレートしています。iDeCoとつみたてNISAをどう活用していけばいいのか？　ご自身のケースに近い人、共感できるケースをご参考にして読み進めてください。

※この章のシミュレーションでは、年金額は2021年度価額、加給年金・振替加算額は考慮していません。

私と一緒に
考えましょう！

## 佐々木武さん恵さんご夫妻（仮名・ともに56歳）

・夫は会社員、妻は専業主婦で結婚前に5年間の会社員経験あり
・世帯年収650万円（手取り501万円）
・住宅ローン残高300万円　貯蓄1000万円

# 住宅ローンは終わるけど修繕積立金などはずっと続く支出。年金と貯蓄でどのくらい足りないの？

**お悩み**

**子どもがいない分、趣味に散財してきて、貯蓄は1000万円と多くはありません。ローンは退職前に返済が終わるし何とかなると思っていたのですが、マンションはランニングコストもかかるし、ここにきて急に不安に。今からできることってなんでしょうか？**

### 65歳までに準備できることはすぐに始めよう

現在の貯蓄額であれば老後資金についてあまり心配することはありません。定年後生活の対策はまず、年金受給額を確認することから始めます。

佐々木さんご夫妻は同い年で現在56歳。夫の武さんは年収が650万円（手取り501万円）で厚生年金加入を65歳までとすると、厚生年金額の計算の基礎となる平均標準報酬額が54万円となり、厚生年金が年額155万5500円、国民年金が年額78万900円、合計233万6400円になります。

妻の恵さんは結婚前に5年間正社員として働いており、平均標準報酬額を20万円とすると、厚生年金は年額6万5800円、国民年金は年額78万900円、合計で84万6700円が65歳から支給されます。夫婦の分を合わせると年額318万3100円となり、会社員時代より手取り額が約183万円少なくなることがわかります。

60歳前に住宅ローン返済が終わるのは安心材料です。返済が終わったらそのお金は老後資金に充てましょう。貯蓄残高を1500万円まで増やす、あるいは返済額と同

額でつみたてNISAを始めるなど、選択肢は複数あります。例えば、65歳を過ぎても、週の半分だけ働く、という方法もあります。残り半分の時間は趣味を満喫、そんな生活にシフトもできますね。

恵さんも趣味を生かし、楽しんでできる仕事を始めてみませんか。その収入で年間40万円、つみたてNISAを始めましょう。おふたりの趣味の旅行も年2回を1回にし、その分ちょっと贅沢にすれば、楽しみは残したまま生活費の見直しができ、いつまでも趣味を楽しむことができますね。

マンションの修繕積立金など固定費が年間25万円程度必要になることもありますし、定年後も公的年金以外に定期収入があれば、金銭的にも精神的にも安心な老後を迎えられるでしょう。

**アドバイス**

1. 住宅ローン完済後はローン返済額分を老後資金に回す
2. 定年後も週の半分だけ働き定期的な収入を得る
3. 妻の恵さんはつみたてNISAを始める

## 水野 正さん（仮名・62歳）彩也子さん（仮名・60歳）ご夫妻

・夫は60歳で退職後、同じ会社に再雇用。妻は就業経験なし
・夫の年収530万円（手取り415万円）　妻は年間80万円（雑費込み）
・貯蓄1200万円　住宅ローンなし　管理費等年間40万円

# 子どもが独立して妻は好きな趣味を始めてイキイキしてるけれど、その分支出も多くなって将来が不安

**お悩み**

**3人の子どもが独立。退職金を一括で受給し再雇用で働いていますが、いつまでもフルタイムでというわけにはいかないですし、貯蓄を取り崩すのはまだ不安。年をとれば病気も心配。再雇用の期限があと3年では貯蓄もそんなに増やせない。何か対策はありますか？**

### 老後資金用の積立を始めて年金は繰り下げ受給に

住宅ローンもなく子育ても終わり、今後何年もかけて返済するような大きな出費の心配はなさそうです。あとはマンションのランニングコスト。年金や貯蓄からではなくほかの収入で補いたいですね。

夫の正さんは60歳でリタイアし退職金を受け取った後、同じ会社で再雇用され、62歳の現在も働いています。年収は530万円（手取り415万円）で65歳まで働くとして、平均標準報酬額が45万円とすると厚生年金受給額は年間で127万2700円、国民年金が78万900円、合計205万3600円となります。

主婦で2歳年下の彩也子さんが老後に受け取るのは国民年金のみです。40年間加入して満額の年間78万900円。世帯では283万4500円となります。

子どもも独立し、あとは夫婦ふたりの生活になるので支出も抑えらえるでしょう。年金額から考えるとひと月23万円支出できる計算になりますが、年齢があがれば病気など不測の事態や介護が必要になることも考えられます。そう思うと年金だけでは安心できません。

これまで3人の子育てやマンションの購入などで出費が多かったのはわかりますが、貯蓄が退職金を入れても１２００万円では少々心もとないですね。できるだけ増やしておきたいところです。

対策としてはまず、長く働くことです。そのうえで、年金受給のスタートの年齢を遅くすること。これを繰り下げといいます。受給年齢を１か月繰り下げると０・７％年金額が増えます。70歳から受け取り始めると１４２％に年金額が増え、その額が終身続くのです。

彩也子さんは趣味で始めたアートフラワー教室を開き、年に80万円程度の収入があるとか。もう少し生徒さんや教室の回数を増やすなど収入を増やしてもいいですね。そして、夫婦ともつみたてＮＩＳＡで投資を始めましょう。

**アドバイス**

1. 定年後も働いて収入と公的年金額のアップを
2. 年金の受給開始年齢を遅くする（繰り下げる）
3. 夫婦ともつみたてNISAで投資を

## 山本智和さん（仮名・52歳）弘美さん（仮名・47歳）ご夫妻

・夫は会社員で再婚（前回の婚姻期間は12年で子どもが2人）　妻は専業主婦で10年間の会社員経験あり
・夫の年収550万円（手取り429万円）　妻はパート年収100万円（手取り97万円）
・家賃12万円　・貯蓄300万円

# 再婚した夫は、前妻との間に子どもが２人。まだ幼くて養育費もかかります。将来のことより今が不安

**お悩み**

**私は離婚して子ども2人は前妻のところにいます。養育費は子どもが20歳になるまで年間で120万円を支払います。年金の受給額も前妻に分割するので、現在の妻に金銭的につらい思いを強いてしまいそうで不安です。今からどんな対策を講じるべきですか？**

**養育費の期間が終わったらその分を自分たちの老後資金に**

　夫の智和さんは再婚で、前の婚姻期間が12年、10歳と８歳のお子さんがいるのでまだ10年から12年程度は２人分で年間１２０万円の養育費を支払います。厚生年金受給額は、前妻が専業主婦（第３号被保険者）で申請があった場合、婚姻期間の厚生年金の半分が分割されます。

　現状から考えた場合に、山本さんご夫妻の将来の年金はどうなるのでしょうか。

　智和さんは現在、年収５５０万円（手取り４２９万円）で65歳まで働くとして平均標準報酬額が45万円、厚生年金が年額１２７万２７００円です。ここから以前の婚姻期間12年の年金を分割すると17万７６００円が減額（前妻へ分割）されますので、１０９万５１００円。国民年金が年額78万９０００円なので、合計１８７万６０００円です。

　弘美さんの厚生年金加入は結婚前の10年間のみで平均標準報酬額20万円とすると厚生年金が年額13万１５００円、国民年金が年額78万９０００円の合計91万２４００円、ご夫妻で年金収入は２７８万８４

００円です。とはいえ、智和さんが70歳になるまでは約１８８万円ですから厳しいですね。

　養育費に加えて家賃もいるので、貯蓄を大きく増やすことは難しそうです。対策は智和さんが年金の受給年齢を繰り下げて、可能な限り正社員として長く働くことです。そうすることで年金加入期間が長くなり、年金受給額も増えます。12年がたち養育費がなくなったら、その分は老後資金としてつみたてNISAなどで投資に回します。

　一方、弘美さんはまだ40代。厚生年金に加入できる働き方を模索しましょう。厚生年金も増え、それ以外に老後資金としてのiDeCo、いつでも現金化できるつみたてNISAに投資して、現在と将来と両方の安心を手に入れましょう。

**アドバイス**

1. 長く働いて年金額を増やしていく
2. 妻は労働時間を長くするなど、厚生年金に加入できる働き方を
3. 夫妻で積立投資をする。老後資金の準備をふたりで行いましょう

## どうするどうなる？私の老後④

### 村木 葵さん（仮名・45歳）

・会社員、独身　年収400万円（手取り313万円）
・住宅ローン残高500万円
・貯蓄100万円

# 大卒後に総合職として就職。同期の男性と比べ出世にも収入に格差が。遠方に住む親の介護問題など漠然とした不安がつのります……

**お悩み**

**奨学金をフルに借りて大学に進学し、就職後、奨学金の返済を35歳まで続けました。その後、頭金を貯めてマンションを購入。これで将来の住宅は安心と思いましたが、遠方の親の介護や将来の自分の病気などを考えると、安心なんて消えてしまいました。**

**スキルアップで転職も視野に
収入が増えれば
貯蓄額も増えます！**

40歳のときにリノベーション物件を１０００万円台で購入し55歳までに住宅ローンを完済予定とは、賢い計画ですね。住居を確保することは将来の安心につながります。

シングルのまま65歳まで正社員で働いたとして、年金受給額を計算してみましょう。大学を卒業してから同じ会社にお勤めなので43年間となり、平均標準報酬額が33万円、厚生年金が年額93万３３００円、国民年金の年額が78万９００円、合計で１７１万４２００円です。

「２０１９年家計調査報告（家計収支編）」（総務省）によると、高齢単身世帯では１か月の消費支出は約14万円。年金だけではギリギリです。今の貯蓄は１００万円です。たとえ退職金が１０００万円あったとしても、このままでは病気など不測の事態があったらマイナスになりかねません。さらに遠方に住むご両親の介護問題も気になるところです。すぐに使える現金が必要。そのためにも貯蓄を増やすべきですが、現状のままでは難しそうなので、収入を増やす方法を考えてみましょう。

会社の了承を得て副業をするの

もいいでしょう。また、総合職としての能力を磨きスキルアップを目指すことも考えてはいかがでしょうか。40代なら、今の会社での役職も変わるかもしれません。希望する会社への転職もできるかもしれないですね。年収がアップしたら年金受給額も増えますし、つみたてNISAなどの積立金額を増やすこともできます。もちろん今のまま節約し、少額からiDeCoとつみたてNISAを始めてもいいのです。まだ定年退職までに長い時間がありますから。でも、より安心感を得たいなら、スキルアップを考えてください。

漠然とした不安は、将来が具体的に見えていないことが要因です。将来、公的年金をどのくらい受給できるかを試算することで、備え方を考えられるようになります。

**アドバイス**

1. とにかく貯蓄を増やす
2. スキルアップして収入増を図る
3. iDeCoとつみたてNISAで、老後資金と思わぬ出費に備える

## 菊池敏夫さん（仮名・43歳）奈々子さん（仮名・42歳）ご夫妻

・夫婦で飲食店を営む。夫は高校卒業後に調理師免許を取得、すぐに現在の店を開業。
妻は高校卒業後、結婚まで5年間は会社員。　・年収800万円
・住居一体型店舗（賃貸30万円/月）、小学生の子ども1人。　・貯蓄800万円

# 夫婦で飲食店を営むものの、チェーン店などの台頭で売り上げは頭打ち。可能な限り仕事は続けたいが、お金の心配は尽きません……

**お悩み**

**近隣の会社や住民に向けた小さな飲食店を営んできましたが、最近、近くにチェーン店が出店したこともあり、客足が減ってきています。子どもはまだ小さいので、現在の貯蓄は教育費などに回したい。まだまだ自分たちの老後のことまで考えられません。**

### 国民年金以外の老後の収入を確保

個人で経営している飲食店は、景気や新型コロナのような有事で経営が左右されてしまうこともあるでしょう。また大型飲食チェーン店が近隣に出店するというのも、経営に大きく影響しますね。

敏夫さんは高校を卒業後、調理師免許を取得し、すぐに今のお店を開業したということで、国民年金の加入のみです。このままお店を続けたとして、65歳からの受給額は年78万900円となります。

奈々子さんは高校を卒業後、結婚するまで5年間の会社員経験があります。平均標準報酬額が12万円とすると厚生年金が年額3万9500円、国民年金の年額が78万900円です。世帯合計が160万1300円です。貯蓄額が800万円ほどありますが、これから高校、大学と教育費のピークは続きます。老後資金に充てられるのは半分程度でしょうか。

個人事業主は65歳以降、仕事を続けられないのであれば、国民年金だけになってしまいます。これでは生活が大変ですね。なんとか長く仕事を続けること、国民年金以外に老後の収入となるものを準

備しておきたいところです。

　ｉＤｅＣｏや国民年金基金、小規模企業共済への加入を検討しましょう。小規模企業共済※（掛金月額１０００円〜７万円）はおすすめ。貸付制度があり、自営業者などにはいざというときの助けにもなるからです。ｉＤｅＣｏ、国民年金基金は、掛金を合算して年額８１万６０００円まで設定でき、所得控除の対象に。自分年金を手厚くし、さらに節税もできるのです。

　また、奈々子さんは厚生年金のある会社に就職するということも考えてみましょう。お店とは別の収入があると安心ですし、厚生年金に入ることで将来の年金受給額を増やすことができます。奈々子さんもｉＤｅＣｏで自分年金をつくれば、ご夫妻とも公的年金の上乗せ年金ができるのです。

**アドバイス**

1 小規模企業共済などに加入する
2 奈々子さんは別に収入源を確保する
3 夫婦ともiDeCoで自分年金をつくる

※小規模企業経営者や個人事業主のための退職金制度で全額所得控除できる。

## 奥野波留さん（仮名・42歳）

・3年前に離婚、中学1年生の娘がいるシングルマザー　・両親の家に同居
・結婚前に5年間の就業経験あり　・派遣社員で年収200万円（手取り161万円）
・養育費が年間72万円　・貯蓄300万円

# 派遣社員で収入が少ない。養育費は滞りなく振り込まれているけど、これから教育費がかかる子どものことや、高齢期に差しかかった両親の健康が心配

**お悩み**

**3年前に離婚、中学生の娘と両親で実家暮らしをしています。派遣社員で収入は少なく、この先の子どもの教育費、親の介護、自分の老後、どれひとつとっても解決の糸口が見えません。将来の不安は尽きません。もう一つ仕事をしたほうがいいでしょうか？**

## 正社員を目指し、いざというときの資金と老後資金を同時に作る

離婚後、ご両親のもとで暮らせてよかったですね。結婚前に5年間、離婚後に派遣社員として厚生年金に加入されています。このまま65歳まで年収が変わらないまま、派遣で働いたとして計算しました。

厚生年金加入期間は結婚前の5年と派遣先で今まで働いた3年に、65歳までの23年を合計します。平均標準報酬額も今のまま17万円とすると厚生年金が年額34万6600円、国民年金が年額78万900円。合計でも112万7500円。36ページのケース④でもお伝えしましたが、高齢単身世帯では月に14万円、年間168万円の消費支出があるとの調査報告があるので、このままだと厳しいでしょう。

シングルマザーの貧困率は社会問題化しています。年収200万円台が多く、非正規雇用が多いからです。まずは、ここから抜け出すことを考えましょう。

同居している母親が家のことのほとんどをやってくださっているなら、フルタイムで働くことが可能な環境にあるといえます。時間をかけてでも、正社員として働き方を目指すのはいかがでしょうか。

そして厚生年金と、できれば退職金制度のある会社を探しましょう。残念ながら派遣社員のままでは年収の上積みも、福利厚生の充実も望めません。正社員になれば、たとえ採用時の収入が現在と一緒でも、のちのち大きく変わってきます。

正社員になって年収を上げれば受給年金額も増加します。家賃のかからない今が、積み立てのできるチャンスです。いつでも現金化できるつみたてＮＩＳＡと、老後資金を準備できるｉＤｅＣｏを少額からでいいのでダブルでスタートしましょう。

ご両親が元気でいるうちにお子さんは大学生になるはず。それまでに生活を変えることが大切です。まだまだ間に合いますよ。

アドバイス

1 つみたてNISAで現在の不安を少しでも解消

2 正社員採用と収入アップを目指す。年金受給額を増やす

3 iDeCoに加入して老後資金の一部を準備

## 老後不安の解決策は今を知って備えることです！

不安なのは将来の収支がわからないから。なぜ不安なのかをはっきりさせましょう

ここまで6組のケースについて見てきました。「あぁ、わかる」と感じた事例があったのではないでしょうか？　共感できた部分こそ、あなたが今まで闇雲に感じていた不安なのかもしれません。**「将来が不安だ」という人のほとんどが、自分の老後の生活費や年金額、退職金を把握していません。**つまり、「わからない」から不安なのです。それでは、いくらお金があっても、不安が解消されることはないでしょう。大切なことは、今の生活でも将来の生活でも、収支のバランスがとれているということです。

収入の範囲で生活できていれば、お金を貯める必要はないでしょう。ですが、ずっと収入の範囲で暮らせるとは限りません。失業するかもしれないし、病気やけがをして医療費がかかるかもしれません。介護が必要になる可能性だってあるでしょう。年をとればいつかは働けなくなるし、体が衰えて病気やけがをしやすくなるでしょう。

お金を貯めるのは、そんなときに備えるためです。収入がなくなったり、医療費がかかるようになったとしても、お金があれば不安はある程度やわらぐはずです。そのための準備は早ければ早いほどいい。**毎月準備できるお金が少なくても、時間をかければまとまった金額になる**からです。

総務省が行っている「家計調査報告（家計収支編）２０２０年」によると、年金のみ世帯の家計調査のデータ「高齢夫婦無職世帯の家計収支」（夫が65歳以上、妻が60歳以上）では、高齢夫婦の1か月の平均収入は、公的年金その他で約25万６０００円。ひと月の支出は約25万４０００円で、収支はギリギリですが黒字です。

ただし、これは２０２０年時点の平均の数字にすぎません。データとして参考にはなっても、**あなたが将来「ギリギリ黒字」で暮らせるとは限りません。**

では、どうしたらいいのでしょうか。あなた自身の将来について、**入ってくるお金と出ていくお金を確認すること**です。計算の仕方は下の表のとおりです。簡単にできるので、まずは「自分自身」のケースを計算してみてください。支出が収入を上回るようなら、老後にお金が足りなくなるということです。そうならないために、気づいた今から対策を講じていきましょう。まずは現在の収入と年金額を増やす方法を考えます。できるだけ長く働き、少額でもいいから資産を継続的に運用することが大切です。このように**「自分自身」のケースを知り、上手にお金を育てていきましょう。**

毎月の基本生活費 ＿＿＿万円 × 12か月 ＋ 年単位の出費 ＿＿＿万円

↑ 現役時の毎月の生活費 × 0.7
※生活費は現役時代の7割程度を目標

↑ ボーナス払いのローン・臨時出費

＝ 年間の生活費 ① ＿＿＿万円

（① ＿＿＿万円 － 年金額 ＿＿＿万円 × 0.9）
※税金分を考慮

× 60歳から平均余命までの年数

＝ 生活費の不足額 ② ＿＿＿万円

② ＿＿＿万円 ＋ 医療・介護の備えなど ＿＿＿万円

＝ ＿＿＿万円 定年後の必要総額

30ページの佐々木さんご夫妻で計算してみます。生活費や年単位の支出、医療・介護費については、「家計調査（家計収支編２人以上の世帯）」（2020年）など各種調査データを参考にし、平均余命については夫婦ともに85歳までの25年とします。毎月の基本生活費は20万円、年単位の出費は100万円、年金は318万円です。これで計算すると②の生活費の不足額は約1350万円です。ここに医療・介護の備えなどの平均800万円を足すと、定年後の必要総額は2150万円となります。

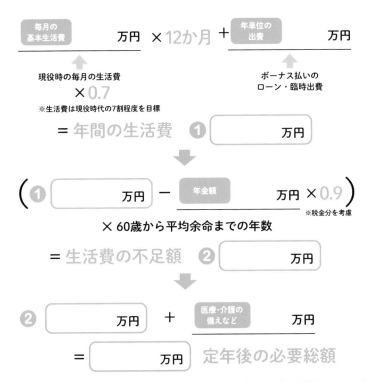

## 「積立」「長期投資」「節税」。老後資金をつくるのにうってつけ方法はコレ！

老後の主な収入は、公的年金と退職金です。厚生労働省や経団連が行った退職金に関する調査によると、大企業では2000万円前後（男性のみ）、中小企業で1000万円程度、さらに退職金制度のない企業が19・5％もあります。**5社に1社は退職金が出ない**のです。終身雇用制度が崩れ、非正規雇用が増加していることを考えると、老後の生活資金として退職金は計算に入れないほうがよさそうですね。

では、60歳以降の長い人生の資金繰りはどうすればいいのでしょうか。

まずは**定年後も再雇用や再就職して働き続けること**を考えましょう。「高年齢者等の雇用の安定等に関する法律」では60歳以降の雇用が義務化されました。65歳までの雇用確保を目指し、事業主に対して「定年を65歳に引き上げる」「65歳までの継続雇用制度の導入」「定年制の廃止」のうちいずれかの措置を義務付けています。厚生労働省公表の「高年齢者の雇用状況」（2020年）では2・7％の企業が定年制を廃止し、20・9％が定年の引き上げ、76・4％が継続雇用制度を導入しています。

2021年には「高年齢者等の雇用の安定等に関する法律の一部改正」が施行され、**「70歳までの就業機会の確保が事業主の努力義務」**になりました。働く側にとっては「自分にとっての定年」や**「60歳以降の働き方」を幅広く選べるようになった**のです。

60歳以降も働けるようになったとはいえ、収入は減る傾向なので生活費は現役時代の70％程度に抑えたいところ。だが、急に生活費を減らすことは簡単ではありません。今から**住宅ローンや保険など固定費を見直していくといい**でしょう。同時に、貯蓄率も少しずつ増やしたいもの。併せて、お金を上手に育てていきましょう。

**資産を増やすためには「積立」「長期投資」「節税」**です。この3つを兼ね備えているのが**「iDeCo」と「つみたてNISA」**なのです。少額からの投資が可能で、長期運用することができ、資産を増やすことを期待できる。老後資金の準備に適しています。まずは制度を知ることから始めましょう。

## 退職金の現状

| | | |
|---|---|---|
| 大企業(男性) | 大学卒 | 2,289万円 |
| | 高校卒 | 1,858万円 |
| 中小企業(男性) | 大学卒 | 1,118万9,000円 |
| | 高校卒 | 1,031万4,000円 |

退職金制度のない企業 19.5%

※厚生労働省(「賃金事情等総合調査(令和元年)」)と経団連などの調査結果をもとに作成

## 資産を増やすための方法

積立　長期投資　節税

↓

お金が増える
可能性が大きくなる

厳しい現実に
負けないように
今日からトライ!

井戸美枝の One Point Lesson

# 人生100年時代を 4つのステージに分けて考える。 さあ、今から始めましょう！

人生１００年時代。そこで人生を25年ずつ、４つのステージに分けて考えてみましょう。第１のステージは、子どもから大人になる「育ちの期間」。26歳から50歳の第２ステージは人生に大きな変化が訪れる「人生フル回転」の期間といえます。みなさんはどうだったでしょうか。お金を貯めるよりも支出するイベントが多かった時期でしょう。子育てに終わりが見えると同時に、40代後半から50代にかけて、親の介護問題なども見え始めたのでは？

続く第３ステージ。子どもは独り立ちし、住宅ローンは完済が見え、自分たちのために使えるお金が増える、まさに「黄金の期間」。でも、ここで好きなように使ってはいけません。ここからまだ第４ステージが待っているのです。人生においては「おまけの期間」です。おまけって、なんだかワクワクしませんか？　私はおまけが大好き。長いワクワク人生を送るためには、知恵と工夫で健康に楽しく暮らしたいものです。そのためにはやはり「お金」がなくてはならないのです。

早くから貯蓄を始めれば、貯め方も使い方も、ひいては人生の選択肢も多くなります。今からでも遅くはありません。自分で働いて収入を得る、これが大切で生活の柱になることは間違いありませんが、「お金にも働いてもらう」ことを考えましょう。預貯金だけではお金は貯まりません。お金についての知識が必要です。できるだけ早く、スタートしましょう！

Chapter

3

# さらにお得に使いやすく 大きく変わる iDeCoを先取り

「自分年金」づくりに最適な仕組み「iDeCo」。長期で積み立て、投資をする。これは、仕事をしている人にとっては、ピッタリな方法です。

コツコツ積み立てることで、株式市場などの値動きに一喜一憂する必要はありません。そのほかに税制面でも大きなメリットを得ることができます。

そんなiDeCoが2022年、加入条件や運用期間など、さらに使いやすく変わります。

何が変わるのかを一足先に学びながら、仕組みの基本を覚えてしまいましょう。

これだけ
押さえれば
大丈夫です!

# 2022年からiDeCoが変わる

**税制優遇を享受しながら老後資金を準備できるiDeCoですが、法改正により加入できる人や受給開始時期の選択肢が拡大されることになりました。**

## 2022年4月、5月と10月、3段階で制度が拡大する

「老後のお金が足りないかも……」と不安を感じている人は少なくありません。50代ともなれば、不安はより現実的に。そんな人に活用してほしいのがiDeCoです。

iDeCoは正式名称を**「個人型確定拠出年金」といい、自分の意思で加入する私的年金制度です。**制度の詳しい内容は62ページから説明しますが、公的年金制度を補完するもので、老後資金づくりを目的として積み立てる仕組みです。

iDeCoは、**自分で申し込みをして、掛金を拠出し、金融商品を選んで資金を運用**します。そして、原則として60歳以降に、掛金と運用益の合計額を受け取ることができます。**掛金は全額所得控除**されるため、結果、所得税と住民税が安くなります。**運用で得られた利益には税金がかかりませんし、積み立てた資金を受け取るときにも税制優遇**があります。

このiDeCoは、2022年に大きな制度改正が行われます。確定拠出年金制度には、企業型と個人型があり、2001年10月からスタート。個人型は当初、公的年金制度の第1号被保険者（自営業者やフリーランスなど）と、第2号被保険者（会社員など）のうち、職場で企業年金（厚生年金の上乗せ部分）が実施されていない人を対象としていました。その後、制度が改正され、現在では第3号被保険者（専業主婦（夫）など）や企業年金を導入している会社の会社員、公務員も加入できるようになっています。**22年からは制度がさらに使いやすく変わります。**

24年12月からは確定給付企業年金（DB）加入者もiDeCoに加入できるようになります。

## 2022年、iDeCoはさらに使いやすく変わる！

- 加入可能年齢が広がる！
- 企業型DCと併用できる！
- 受給開始年齢の選択肢が拡大！

| | 改正前 | 改正後 |
|---|---|---|
| 加入可能年齢<br>（2022年5月～） | 20～59歳 | 20～64歳 |
| 企業型DCとの<br>同時加入<br>（2022年10月～） | 勤め先が規約で<br>企業型DCとiDeCoの<br>併用を認めている<br>ことが条件 | 要件が緩和され、<br>本人の意思だけで<br>同時加入が可能 |
| 受取開始年齢<br>（2022年4月～） | 60～70歳になるまで | 60～75歳になるまで |

※60歳以降も厚生年金に加入する人(第2号被保険者)は、65歳までiDeCoに加入できるようになります。第1号や第3号被保険者で国民年金の加入期間が40年未満の場合、60～65歳の間、加入期間が40年に達するまでは国民年金に任意加入が可能です。その間、iDeCoに加入することができます。

改正点
1

# 加入可能年齢が広がる！

**2022年5月からiDeCoの加入可能年齢が拡大されます。すでに加入している人も運用期間が延びるので、資産を増やすことにもつながります。**

65歳になるまで
加入・運用できるように！

現在は、iDeCoに加入できる年齢は60歳になるまでです。

50代の人のなかには、「運用できる期間が短いから……」と、加入をためらう人がいたかもしれません。ところが、2022年5月からは、国民年金の被保険者であれば、原則として**65歳未満までiDeCoに加入できる**ようになります。

iDeCoの加入者は2021年8月の時点で約214万人です。17年の法改正でiDeCoの加入対象者が広がる前の、16年3月末の加入者数は約26万人でしたから、この4年間で急増しました。

今回の改正で、今までは加入をためらっていた50代半ばの人も、**65歳未満まで加入できるようになれば、加入者数はさらに増える**でしょう。

働く環境も大きく変わっています。以前は60歳定年の会社がほとんどでしたが、**今では65歳まで働き続けられる環境が整っています。**働き続ける場合には、厚生年金にも加入するので、将来受け取る年金額を増やすことにもつながります。厚生年金に加入していれば、**65歳までiDeCoの積み立てを続けることも可能**です。

また、現在企業型DCは原則60歳未満の厚生年金被保険者が加入できて、60歳以降は規約に定めがある場合、60歳前と同一事業所で引き続き雇用される人については65歳まで加入することができます。2022年5月からは、**70歳未満で厚生年金に加入していれば、加入者とすることができる**ようになります。ただし、企業によっては加入できる年齢などが異なりますので確認が必要です。

## iDeCo(個人型確定拠出年金)の加入者数の推移

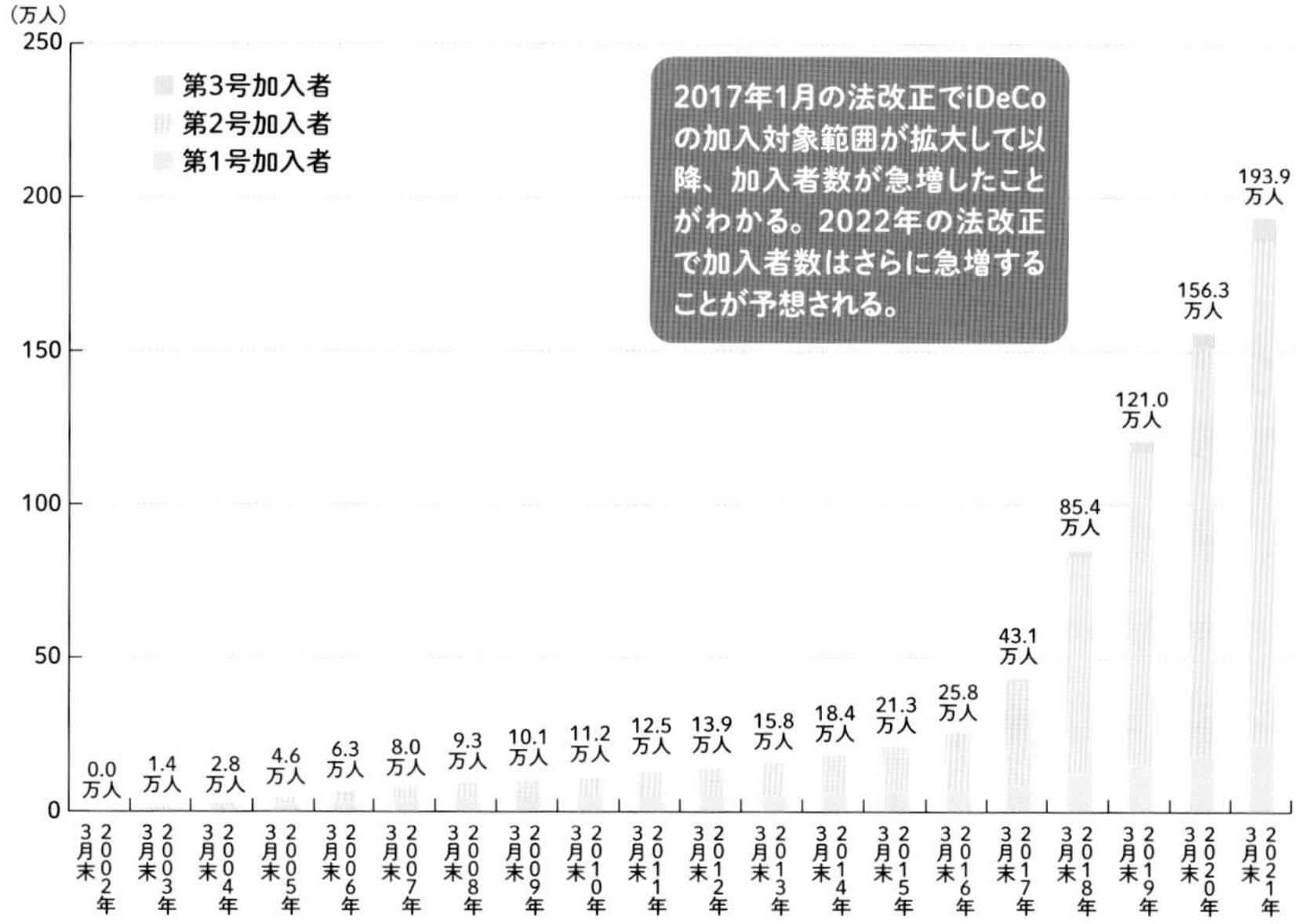


出典：厚生労働省「確定拠出年金の各種データ」

## 2021年だけでもiDeCoの加入者数は急拡大

| | 2021年3月時点 | 2021年6月時点 | 2021年7月時点 | 2021年8月時点 |
|---|---|---|---|---|
| 第1号加入者 | 216,848人 | 231,985人 | 236,241人 | 240,398人 |
| 第2号加入者 | 1,647,649人 | 1,745,176人 | 1,781,358人 | 1,813,572人 |
| 第3号加入者 | 74,547人 | 82,128人 | 84,359人 | 86,343人 |
| 計 | 1,939,044人 | 2,059,289人 | 2,101,958人 | 2,140,313人 |
| 登録事業所 | 559,260事業所 | 582,888事業所 | 590,877事業所 | 597,579事業所 |

出典：iDeCo公式サイトをもとに作成

## 加入可能年齢の拡大は既存の加入者にもメリット

加入可能年齢が拡大することで恩恵を受けるのは、これからiDeCoに加入する人だけではありません。**既に加入している人にとってもメリットがあります**。加入できる年齢が60歳未満から65歳未満に延びることで、**掛金を拠出できる期間が最大で5年間延びる**からです。

では、既存の加入者に焦点を当てて、2022年5月からの改正メリットを見ていきましょう。

そもそもiDeCoには、3つの税制優遇があります（詳しくは76ページ以降で説明します）。そのひとつは、**拠出する掛金が全額、所得控除の対象になる**こと。加入可能年齢が5年延びたことで、掛金が所得控除の対象になる期間も5年分延びることになります。

例えば、年収が500万円の人が40歳でiDeCoに加入して、毎月1万円を積み立てたとします。この場合、年間の税額軽減額は2万4000円です。iDeCo未加入時の所得税13万8550円、住民税24万1050円。加入後は所得税12万6550円、住民税22万9050円になります。20年間の税制優遇額は48万円にもなります。改正後は加入期間が5年間延びることで60万円も節税できる計算になるのです。あくまで目安ですが、**毎月の掛金額が多ければ、その分、節税効果も大きくなります**。加えて、iDeCoでは、**運用で得た利益に税金がかからない**ので、運用の成果次第では節税効果はさらに大きくなります。

既存の加入者にとってもうれしい制度改正ですが、65歳まで加入できないケースもあります。

65歳より前にiDeCoや企業型DCの老齢給付金を受け取った場合や、65歳前に公的年金を繰り上げ受給した場合は、60歳以降に加入することはできません。また、自営業者やフリーランス（第1号被保険者）、会社員や公務員に扶養されている配偶者など（第3号被保険者）は国民年金の加入は60歳まで。iDeCoに加入できるのも60歳までです。

ただし、未加入期間などがあり、40年の納付済期間がないために老齢基礎年金が満額受給できない場合は、その期間分のみ、国民年金に任意加入でき、iDeCoにも加入できます。

## 全員が65歳まで加入できるわけではない（2022年5月～）

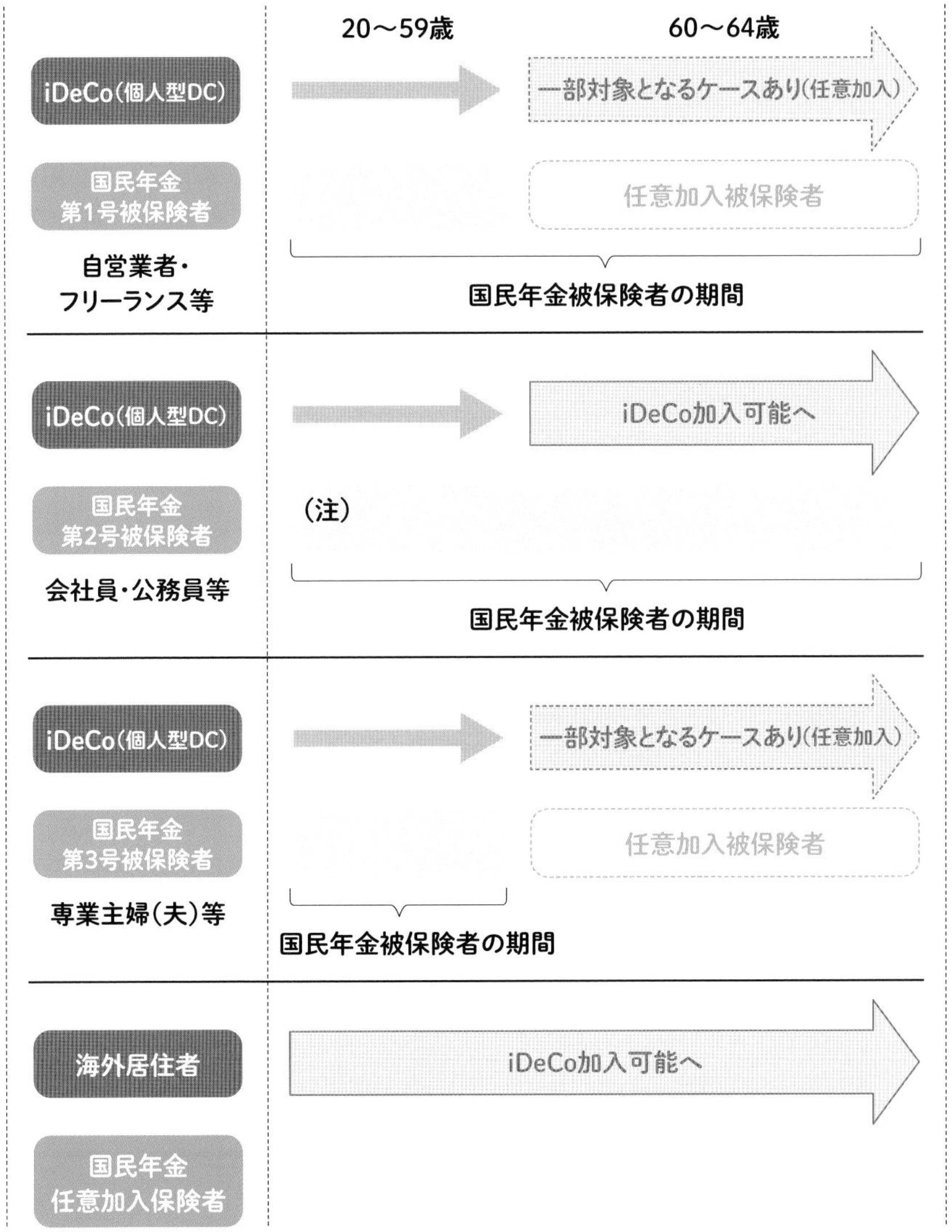


（注）20歳未満の者についても適用事業所に使用される場合は国民年金第2号被保険者となる。

改正点
2

# 企業型ＤＣとの併用が広がる

**ｉＤｅＣｏに加入できなかった企業型ＤＣがある会社の人も、２０２２年10月からは本人の意思だけで加入できます。**

**本人の意思だけで加入できるようになる！**

これまでは、職場に企業型確定拠出年金制度（企業型ＤＣ）がある場合には、企業型ＤＣの事業主掛金の上限をｉＤｅＣｏの拠出金額分下げる労使合意や規約変更が行われなければ、ｉＤｅＣｏとの同時加入は認められていませんでした。そのため、企業型ＤＣに加入している約７５０万人（２０２1年2月時点）の会社員は、ほぼｉＤｅＣｏに加入できなかったのです。しかし、22年10月からは、事業主の掛金が拠出限度額（５万５０００円）に満たない場合には、**労使合意や規約を変更しなくても本人の意思だけでｉＤｅＣｏに加入できるようになります。**

この場合のｉＤｅＣｏの掛金額は、**「2万円以内、かつ事業主の掛金と合わせて月額5万5000円を超えない範囲」**となります。

企業型ＤＣのほかに、確定給付年金（ＤＢ）などにも加入している人の場合は、事業主の掛金が拠出限度額（2万７５００円）に満たない場合に、ｉＤｅＣｏに加入することができます。掛金は、**「1万2000円以内、かつ事業主の掛金を合わせて月額2万7500円を超えない範囲」**となります。

なお、２０２4年12月からは、企業型ＤＣや確定給付年金（ＤＢ）に加入している場合には、「2万円以内、かつ事業主掛金の掛金を合わせて5万５０００円を超えない範囲」に見直されます。

会社員や公務員のみなさんのなかには、自分の退職金制度や年金制度を正確に把握できていない人もいるようです。「老後が不安だ」と思うなら、どんな制度で、掛金はいくらかを知り、ｉＤｅＣｏの活用を検討しましょう。

## 企業型DCのある会社員もiDeCoに加入できる（2022年10月～）

### 企業型DC加入者のiDeCo加入の要件が緩和されます

これまで企業型DC加入者のうちiDeCoに加入できるのは、iDeCo加入を認める労使合意に基づく規約の定めがあり、かつ事業主掛金の上限を引き下げた企業の方に限られていました。

↓

2022年10月からは、企業型DCの加入者は規約の定めや事業主掛金の上限の引き下げがなくても、iDeCoに原則加入できるようになります。

※ただし、企業型DCの事業主掛金とiDeCoの掛金額は、
それぞれ下表のとおりであることが必要です。
また企業型DCにおいて加入者掛金を拠出（マッチング拠出）
している場合などは、iDeCoに加入できません。

| | 企業型DCに加入している方がiDeCoに加入する場合（月額） | 企業型DCと確定給付型（DB、厚生年金基金など）に加入している方がiDeCoに加入する場合（月額） |
|---|---|---|
| 企業型DCの事業主掛金(1) | 55,000円以内 | 27,500円以内 |
| iDeCoの掛金(2) | 20,000円以内 | 12,000円以内 |
| (1)+(2) | 55,000円以内 | 27,500円以内 |

## マッチング拠出かiDeCoを自分で選べるようになる

勤務先によっては、企業型DCで勤務先が拠出する事業主掛金に加え、**従業員本人が掛金を上乗せして拠出する「マッチング拠出」を導入**しているところもあります。マッチング拠出では、事業主掛金と同額までを給与引き落としで拠出することが可能です。

　現状では、マッチング拠出ができる企業の従業員は、iDeCoへの加入はできません。ですが、2022年10月からは、**従業員自身がマッチング拠出かiDeCoのどちらかを選択できる**ようになります。

　ちなみに、マッチング拠出では、資金の管理などにかかる手数料は勤務先が負担してくれます。一方、iDeCoでは加入時や運用時にかかるコストは自己負担です。ただし、マッチング拠出は、企業が金融機関（運営管理機関）を選び、その金融機関が提示するラインナップから運用商品を選ぶのに対し、**iDeCoは運用する本人が、利用したい金融商品の取り扱いがあるか、使い勝手がいいかなどの基準で比較して、自由に金融機関を選ぶことができます。**そこで例えば、事業主の掛金の額が少なく、マッチング拠出の上限が低い、若いときにはiDeCoを活用し、給料が増えて事業主の掛金の金額も多くなったなら、マッチング拠出を利用して資産も企業型DCにまとめるといった使い方も考えられるでしょう。

　また、会社員がiDeCoに加入する際の手続きも簡素化されます。これまでは、企業型DCに加入しているかどうかにかかわらず、iDeCoに加入する会社員は、企業年金の加入状況を確認するために勤務先が発行する事業主証明書を国民年金基金連合会に提出することが必要です。勤務先からすると、従業員がiDeCoに加入するために、さまざまな事務手続きを行わなければならないのです。しかし、2022年10月からは、**事業主証明書の提出が不要になります。**

ますます
加入しやすく
なりますね

## 企業型DC加入者のマッチング拠出とiDeCo加入の比較（2022年10月～）

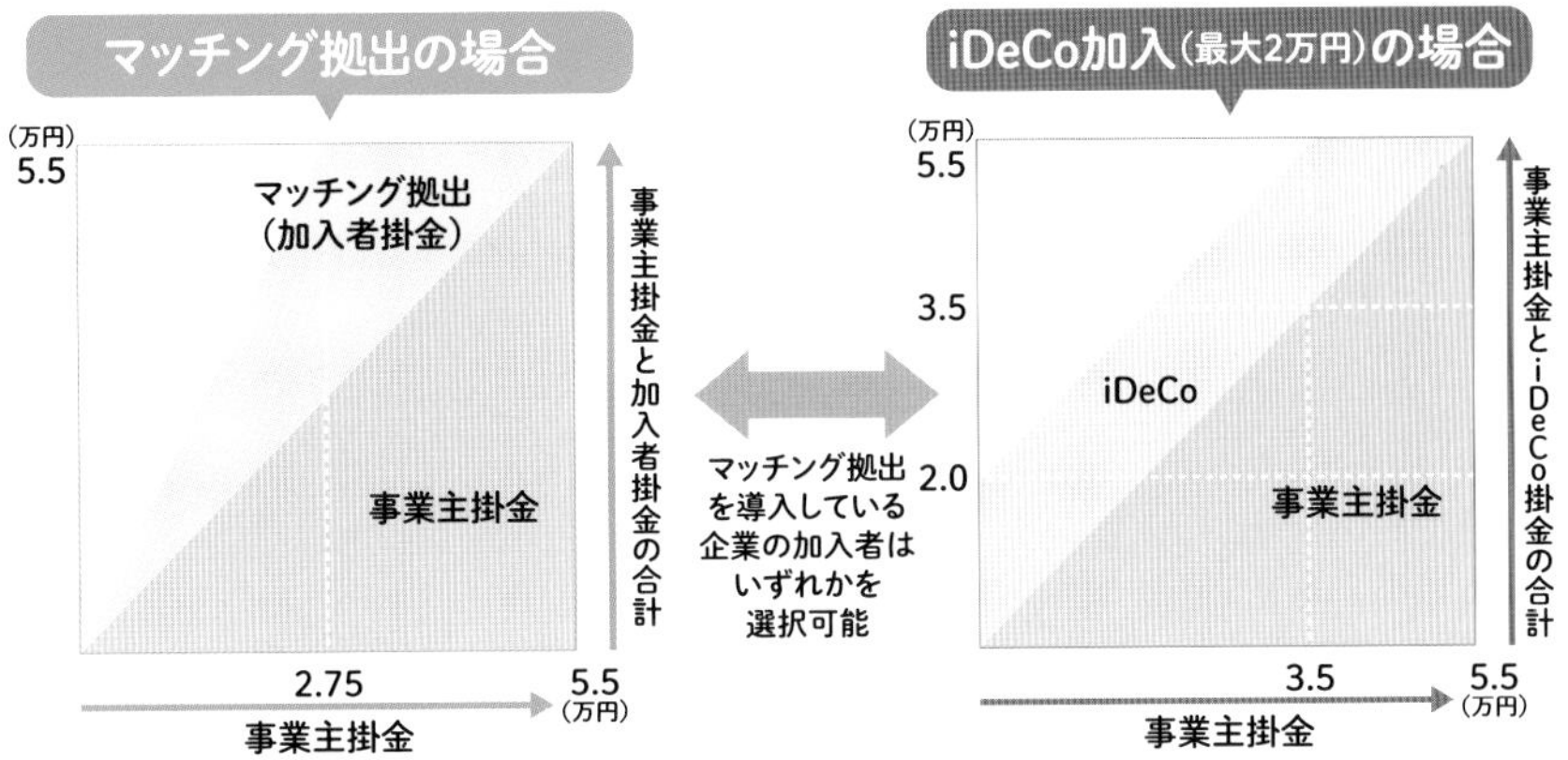


※ 企業型DCと確定給付型（DB）を実施している場合は、
5.5万円→2.75万円、3.5万円→1.55万円、2.0万円→1.2万円

| | マッチング拠出 | iDeCo加入 |
|---|---|---|
| 掛金 | 以下のいずれも満たす額<br>❶事業主掛金の額以下<br>❷事業主掛金とマッチング掛金の合計が2.75万円（5.5万円）以下※ | 以下のいずれも満たす額<br>❶iDeCoの限度額2万円（1.2万円）以下<br>❷事業主掛金とiDeCoの合計が2.75万円（5.5万円）以下<br>会社掛金が低い場合は、iDeCo加入のほうが多く拠出できる |
| 口座管理料 | 会社負担 | 本人負担<br>（契約金融機関による） |
| 口座管理 | 企業型DC口座のみ | 企業型DCとiDeCoの2つの口座を管理 |
| 運用商品 | 会社のプランで提示されている商品 | 契約先金融機関により、本人の意思で選択できる |

※（　）内の金額は、ほかの企業年金がない場合。

改正点 3

# 受け取り開始年齢が75歳までに延長！

**「人生100年時代」は、働く期間やリタイアの時期も人それぞれ異なります。今回の改正では、受給開始年齢の選択肢が拡大し、より使いやすくなっています。**

受給開始年齢を75歳までに延長、受給時期の選択肢が増えた

2022年4月からは、iDeCoの受け取り開始時期が延長されます。これまでは、60歳から70歳になるまでの間でiDeCoの受給開始年齢を選択することができました。

22年4月以降は、**受給開始年齢が75歳までに延長**されることになり、**受け取り開始時期を60歳から75歳になるまでの間で選択できる**ようになります。

「人生100年時代」は、これまでにも増して、働き方が多様化するとみられます。今回の改正は、それを後押しする改正だといえるでしょう。

なお、iDeCoの年金資産は、老齢給付金として原則60歳から受け取ることができ、その際に**一時金として一括で受け取るほか、年金として受け取る**ことや、**一時金と年金を組み合わせて受け取る**ことも選択できます（82ページ参照）。

年金として受け取る場合には、5年以上20年（22年4月からは25年）以下の期間で、運営管理機関が定める方法で支給されます。ただし、70歳（22年4月からは75歳）に達すると年金で受け取る方法は選択できなくなり、一括で受け取ります。

また、**60歳から受け取るには、iDeCoの通算加入期間が10年以上必要**です。10年に満たない場合には、受給開始年齢が繰り下げられることになります。

受け取り開始時期や方法を今すぐ決める必要はありません。自分は何歳まで働きたいのか、老後の家計収支はどうなりそうか、健康状態はどうかなどを勘案し、ライフプランを検討したうえで決めたいものです。

## DC受け取り可能な年齢（2022年4月～）

受給開始年齢が延長されたことで、もらい方の選択肢も増えましたが、これは同時に働き方も選べるようになったということです。さらに少しでも早くスタートすれば、選択肢も増えます！

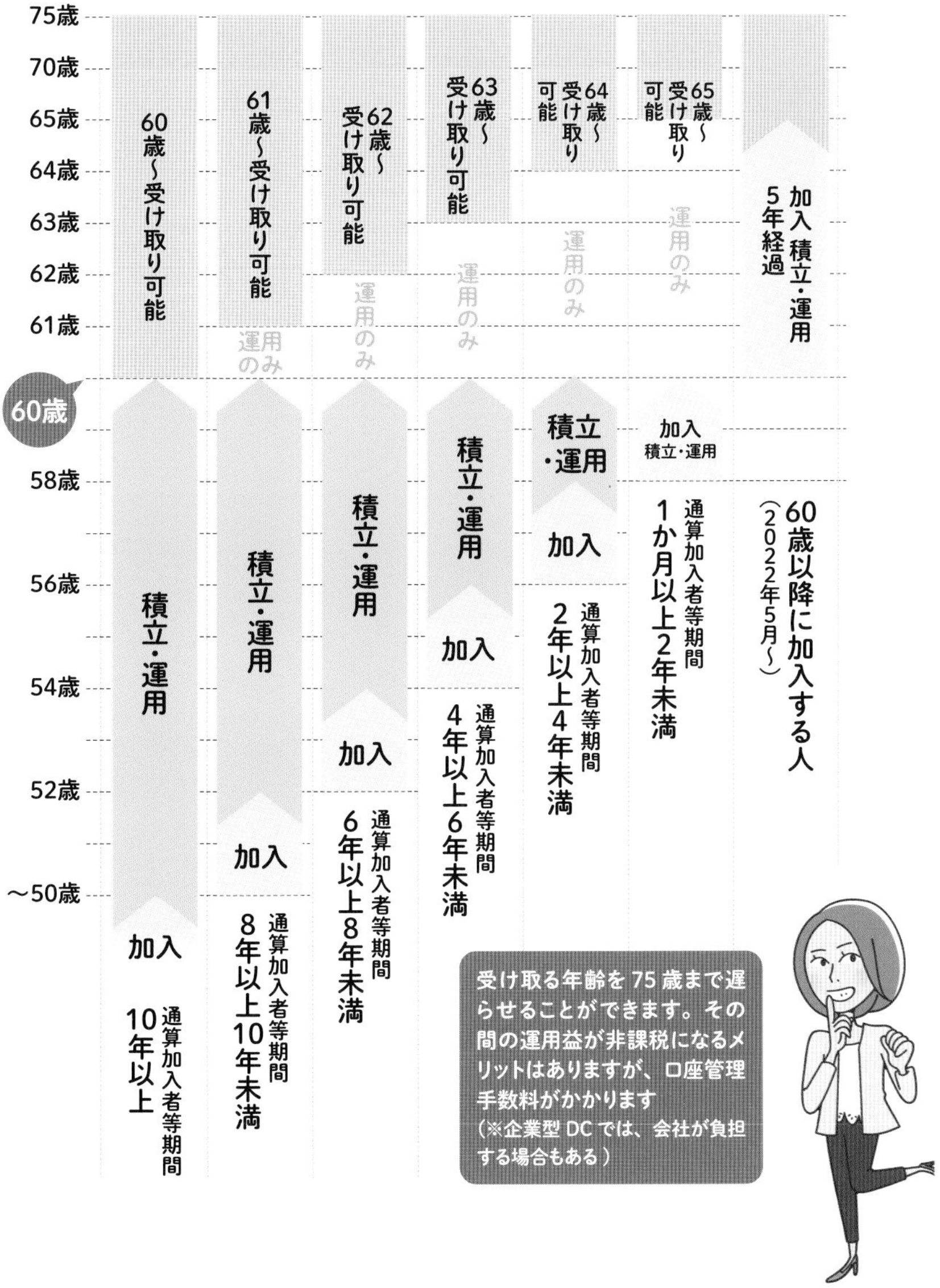

## 受給の選択肢が増えると生き方・働き方の選択肢も増える！

ここで、ｉＤｅＣｏの受け取り開始時期について、考えてみましょう。

公的年金とｉＤｅＣｏの役割は異なります。公的年金は遅く受け取りはじめて一生涯受け取る。**ｉＤｅＣｏは60歳もしくは65歳から、5年から10年の間に受け取るのもいい**でしょう。

公的年金は、受け取り開始時期を遅らせる（繰り下げ受給）と、ひと月遅らせるごとに年金受取額が０・７％ずつ増えていき、それが終身続きます。

「人生１００年」といわれる今の時代、長生きに備えるには、**公的年金の繰り下げ受給は、ぜひとも活用したい仕組み**です。

ｉＤｅＣｏの受け取り開始時期を遅らせた場合、その間、非課税で運用を続けることができます。一方、口座管理手数料も負担し続けることを知っておきましょう。運用をしっかり行わないと、その分、受取額が減ることになってしまいます。

ここから、仕事をやめる、あるいは、仕事は続けるものの収入が減るタイミングでｉＤｅＣｏの受け取りを開始。ｉＤｅＣｏの受け取りが続く間は公的年金を受け取らず、受け取り開始時期を遅らせる。そうすることで、増額された公的年金を一生涯受け取るという方法が選べるでしょう。

老後の安心のために**公的年金は繰り下げ、その間のつなぎ資金としてｉＤｅＣｏの年金資金を受け取るという方法が合理的**だといえます。

今回の制度改正で、ｉＤｅＣｏの受給開始年齢が75歳まで拡大されたことで、**リタイアする時期を企業や社会の都合ではなく、自分の生き方や働き方で決められるようになった**ともいえます。

老後が不安なら、まずは65歳まで働き、左ページの表のように、会社員も自営業者も、ｉＤｅＣｏにも加入しましょう。65歳以降も働き続けられそうなら、自分の体力や健康状態とも相談し、無理なく楽しく、ｉＤｅＣｏを受け取りながら働きましょう。

その間も厚生年金に加入し続ければ、公的年金の受給額を増やすこともできます。

こうすることで、**老後の不安はかなり解消される**はずです。

## 正社員の例

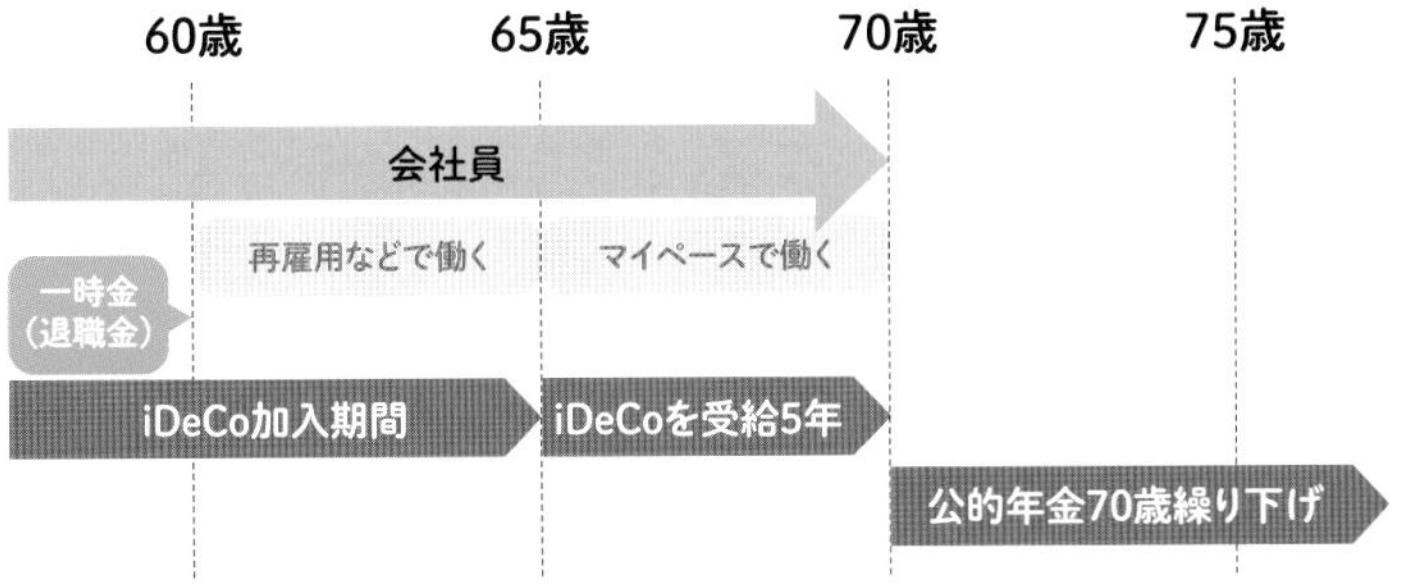


## 自営業者の例

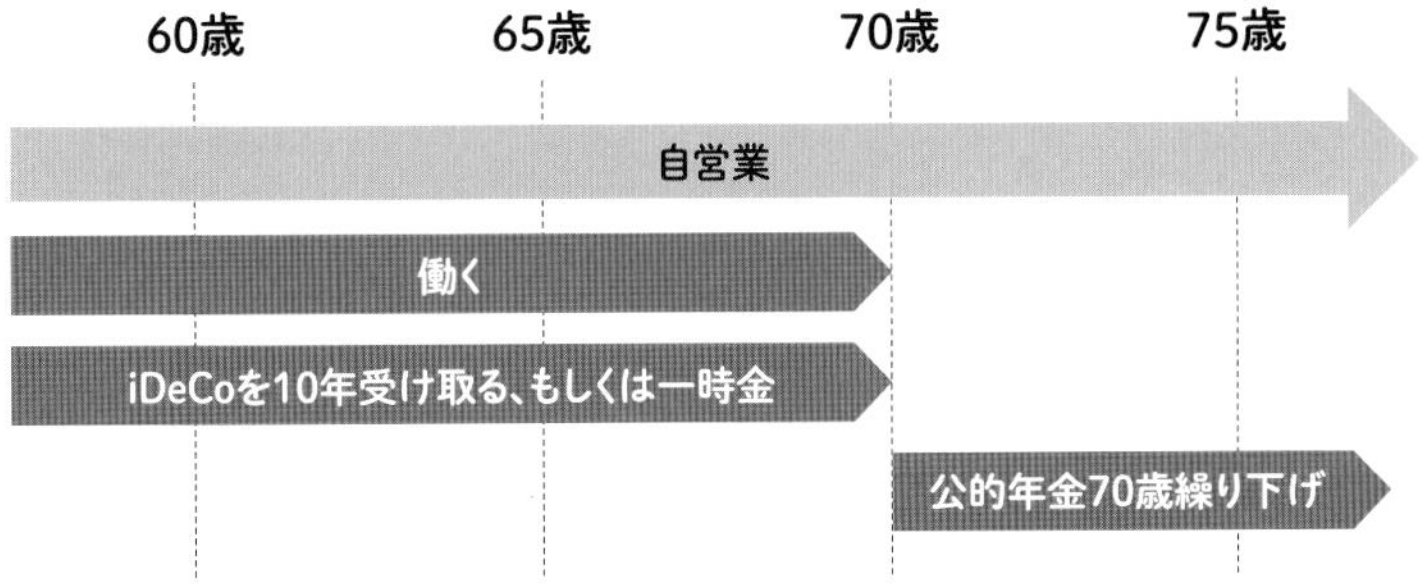


会社員と自営業者、いずれも最大75歳までiDeCoの受け取りが可能になるので、その分、増額できる公的年金の繰り下げも考えられるようになります。

## iDeCoの受け取り開始時期の拡大

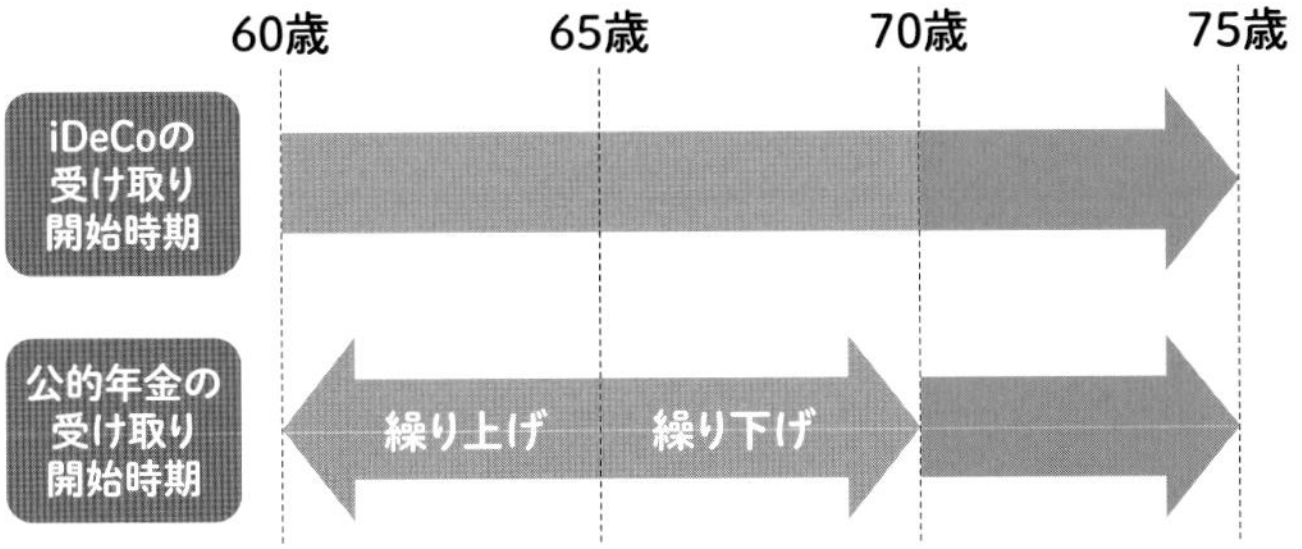


※オレンジ色の部分が改正後加入可能になります。

iDeCoの仕組み①

# 基礎知識

**iDeCoとは年金型の商品名ではなく、制度のことです。自分で考えて年金をつくっていくもの。任意加入ですが老後資金づくりに有利な制度となっています。**

## ５０００円から始められる「自分年金」iDeCo

iDeCoとは、定年後に向けて個人が自分で老後資金をつくることを支援するために、確定拠出年金法で定められた制度です。毎月５０００円からスタートできる積立で、税制上のメリットを受けながら自分で金融商品を選び、その**運用によって将来の年金をつくっていく「自分年金」**です。

**iDeCoは任意加入**です。掛金も**月額５０００円**から１０００円単位で**最大６万８０００円**（職業や加入する年金の種類などで上限額が異なる）の間で自分で決めた掛金を60歳まで拠出し、積み立てていきます。

積み立てる金融商品は定期預金、保険商品、投資信託の中から選びます。積立・運用した資金は60歳以降に受け取りができます。その方法は3種類です。退職金のように一度に受け取る**「一時金」**、**期間を定めて受け取る「年金」**、**一部をまとめて受け取り残りを年金として受け取る「併給」**です。

受け取り額は運用結果によって増減します。長期間運用することで増やせる可能性が大きくなるので、商品の選び方もポイントです。

加入資格は**「国民年金または厚生年金の被保険者で保険料を支払っていること」**です。国民年金のみの自営業者も加入できますし、専業主婦も対象です。自営業者などの第1号被保険者は、国民年金保険料の未払いや、全額もしくは一部も含め支払い免除となっている期間は、加入資格がありません。月々の積立額（拠出額）には65ページの表のように上限があります。

iDeCoの最大の魅力である3つの税制メリットについては4章でまとめています。

## iDeCoの仕組み

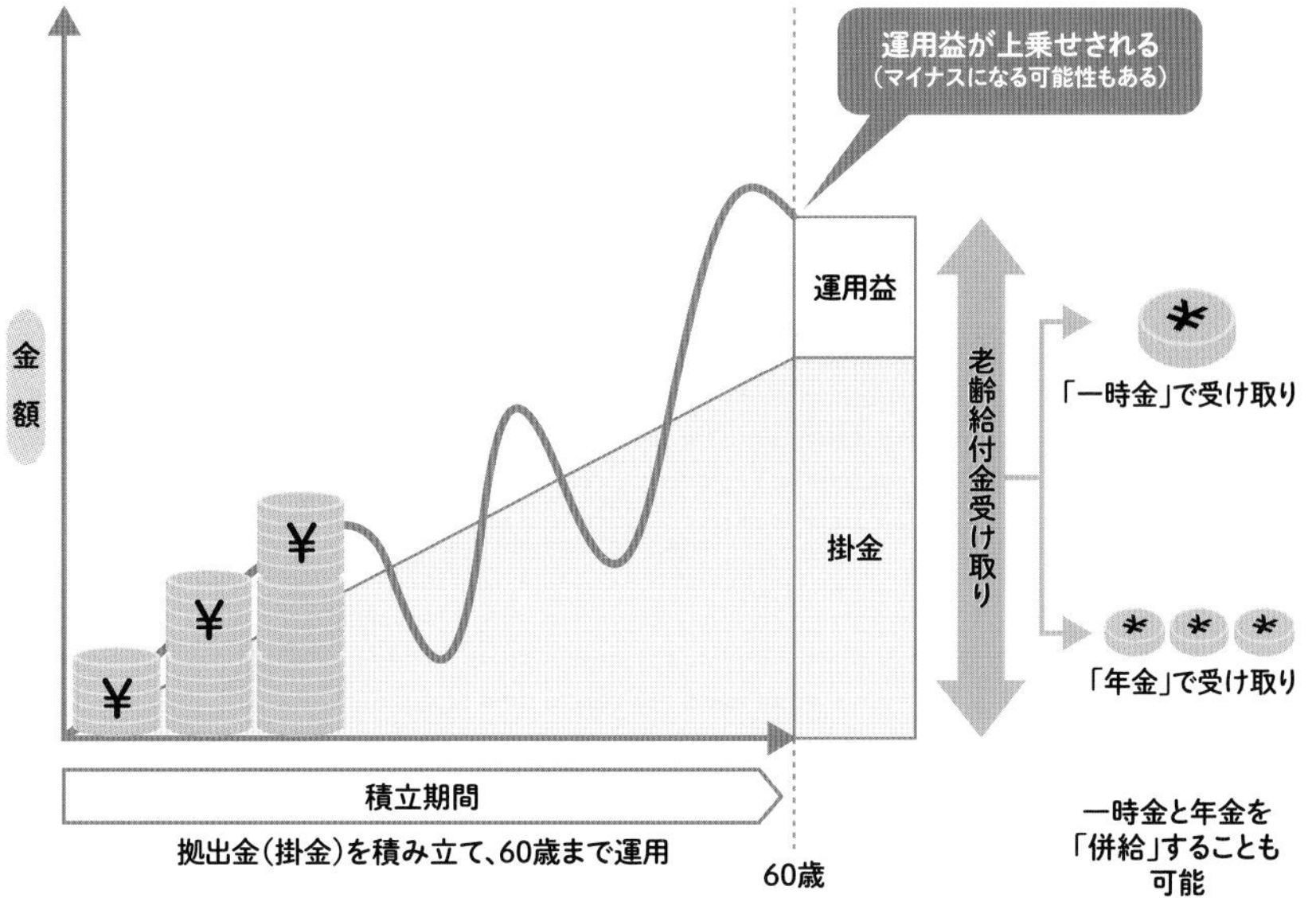


※受給開始年齢は、加入期間等に応じて決まります。

## iDeCoの加入条件

| 加入区分 | 加入対象となる方 | 加入できない方 |
|---|---|---|
| 国民年金の第1号被保険者 | 日本国内に居住している20歳以上60歳未満の自営業者、フリーランス、学生など | 国民年金保険料の納付を免除（一部免除を含む）されている方（ただし、障害基礎年金を受給されている方等は加入できる） |
| 国民年金の第2号被保険者 | 厚生年金の被保険者<br>（会社員、公務員） | 勤務先の企業で、企業型確定拠出年金（DC）に加入している方（ただし、企業型確定拠出年金規約でiDeCoの同時加入を認めている場合は加入できる） |
| 国民年金の第3号被保険者 | 20歳以上60歳未満の厚生年金に加入している方の被扶養配偶者 | ー |

# 掛金の上限額

**iDeCoの掛金は、月々５０００円から。職業や企業年金の有無によって上限額が決まっています。自分の拠出限度額を確認しましょう。**

まずは少額からでもスタートして、年に一度は、資産状況を確認しましょう

iDeCoは**月々の掛金を５０００円から１０００円単位で、いくらにするかを決められます。**ボーナス時など特定月に多くすることもできます。上限額は職業や会社の企業年金によって異なります。

会社員や公務員など国民年金の第２号被保険者は、左ページの表にあるように上限額は３パターン。会社に企業年金がない場合は**月々２万３０００円**。企業型確定拠出年金（DC）のみに加入している方は**月々２万円**。確定給付企業年金（DB）とDCに加入している方、DBのみに加入している方、公務員は**月々１万２０００円**です。会社員は、自分の会社の企業年金がどの種類なのか確認しましょう。

次に自営業者やフリーランスなどの個人事業者です。国民年金の第１号被保険者ですね。会社員のように厚生年金がなく、国民年金のみなので、公的年金額が少ないのです。そのため、**月々の上限額は６万８０００円**となっています。自分年金を積極的に準備しておきたいですね。第１号被保険者は、iDeCoだけでなく国民年金基金に加入することもできます。国民年金基金に加入する場合も、iDeCoと合わせて６万８０００円までです。

最後に、第３号被保険者である専業主婦（夫）は、**月々２万３０００円**です。

**これら月々の掛金は、年に１回、変更することができます。**長く積み立てを行うものなので、余裕のある額から始めて、掛金を増やせそうになったら変更してもいいですね。長期で積み立て、運用すれば老後資金が準備できます。無理のない範囲から始めましょう。

## iDeCoの拠出限度額について

| 加入資格 | | 掛金 |
|---|---|---|
| 第1号被保険者（自営業者・フリーランス） | | 月額6.8万円（年額81.6万円）（国民年金基金または国民年金付加保険料との合算額） |
| 第2号被保険者（会社員・公務員等） | 会社に企業年金がない会社員 | 月額2.3万円（年額27.6万円） |
| | 企業型DCに加入している会社員 | 月額2.0万円（年間24.0万円） |
| | DBと企業型DCに加入している会社員 | 月額1.2万円（年額14.4万円） |
| | DBのみに加入している会社員 | 月額1.2万円（年額14.4万円） |
| | 公務員等 | 月額1.2万円（年額14.4万円） |
| 第3号被保険者（専業主婦(夫)） | | 月額2.3万円（年額27.6万円） |

※DC：企業型確定拠出年金　DB：確定給付企業年金

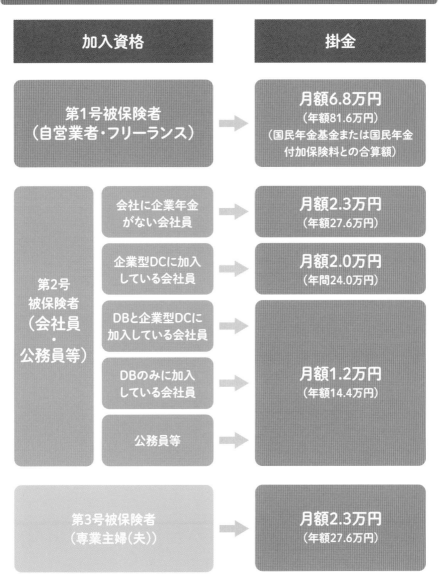

# 年金の受け取り方

**自分年金iDeCoは、受け取り方も大切です。長い老後期間を、どのように生活していくかによっても選び方が変わります。**

## iDeCoは受け取り方も自分に合った方法を選ぼう

iDeCoは**原則60歳までは現金化することができません。**

60歳から受給するためには最初の掛金を拠出してから10年以上が必要です。51歳での加入なら61歳で、55歳なら65歳から、と通算加入者等期間が10年に満たない場合は、受け取り可能な年齢も繰り下がることも知っておきましょう（59ページ参照）。

受け取り方法は**「一時金」**として一括で、あるいは**「年金」**として5年以上20年以下の期間で受け取るか選択できます。一時金と年金の**「併給」**も可能です。それぞれの受け取り方法によって、適用される控除が違います。左ページを参照してください。

**年金方式では「分割取崩年金」「終身年金」「確定年金」のいずれかで受け取ります。**「分割取崩年金」は、運用しながら年金を受け取っていきます。「終身年金」「確定年金」は、年金受給開始時に年金給付用の保険商品を購入し、年金を受け取っていきます。商品のラインナップに保険商品のある運営管理機関が対象となります。

分割取崩年金の受け取り方も、**受け取り期間、受け取り回数（1年に何回受給するか）**を決める必要があります。例えば楽天証券の場合では、受給期間は5年以上20年以下の期間から、1年刻みで選択することができ、毎年12月に1回、6月と12月の年2回、4月と8月・12月の年3回、3月・6月・9月・12月の年4回、偶数月に受給される年6回と毎月受給の中から選べます。運営管理機関によって、指定できる期間は異なります。

ほかに年金額の算定方法や売却する商品の順序も決めます。

## iDeCoの受け取り方

「一時金」として一括で受け取る → 退職所得控除が適用される

「年金」として分割で受け取る → 公的年金等控除が適用される

「一時金」と「年金」の「併給」で受け取る → 「一時金」部分は退職所得控除、「年金」部分は公的年金等控除が適用される

※年金受け取りは雑所得として総合課税。

## 「一時金」で退職金を受け取ると……

**退職所得控除額は……**

| | |
|---|---|
| 勤続20年超 | 800万円+70万円×（勤続年数－20年） |
| 勤続20年以下 | 40万円×勤続年数 |

退職所得の計算方法　**（退職金額－退職所得控除額）×1/2**

で計算できる。

※2022年分以降は、勤続年数5年以下の場合は1/2の適用はなしとする。

iDeCoの場合は、「退職金額」＝「一時金（老齢給付金）」
「勤続年数」＝「加入期間」

例えば、iDeCoに35歳で加入して60歳になったときに
1500万円貯まっていたとして

**退職所得控除の金額**　800万円+70万円×（25年−20年）=1150万円
**退職所得の金額**　（1500万円−1150万円）×1/2=175万円

※会社から退職金が支払われる場合は、退職金とiDeCoの一時金額を合算する。

## ｉＤｅＣｏを利用して退職時期を考えることもできる

60歳で定年退職し、65歳までの無年金期間のつなぎとして企業年金などを受け取ることを考えてきた人も多いでしょう。今回の改正によってｉＤｅＣｏの加入可能年齢が65歳未満までになること、会社員も条件が緩和されたことで企業型ＤＣとｉＤｅＣｏの両方に加入できるようになり、より多くの人がｉＤｅＣｏを利用できます。

また受給開始年齢が75歳までと広がるので、運用できる期間も長くなります。**結果、50歳を超えてからの加入でも、老後資金づくりができるようになった**のです。

具体的に考えてみましょう。

企業年金がない企業でｉＤｅＣｏに加入している会社員がいます。65歳まで再雇用制度を利用して働く予定です。ｉＤｅＣｏへの加入も65歳まで続けます。公的年金は増額したいので、70歳から受け取ることにしました。

65歳から70歳までの５年間は年金がありません。**ｉＤｅＣｏを年金方式で受け取れば、運用益によっては貯蓄を減らさずに生活することも可能**かもしれません。あるいは、週に３日程度働くことで生活費の不足分を補えるかもしれません。

自営業者に退職金はありませんが、ｉＤｅＣｏを使って退職金をつくることができます。

そのほか、会社員でも左ページの表のように「企業型ＤＣのみ」「企業型ＤＣとＤＢの両方」「ＤＢのみ」に加入している方がいらっしゃいます。ほかの企業年金の有無で、受け取り方も異なります。

ポイントをまとめましょう。

**❶受け取り終わるまでは口座管理手数料がかかるので、65歳以降早めに受け取る。**

**❷一時金は非課税枠が大きいので、有効に使う。**

**❸公的年金（老齢基礎年金・老齢厚生年金どちらかでもいい）を受け取る年齢を70歳に繰り下げるなどして、ほかの年金とのタイミングをずらすことにより公的年金等控除を超える金額を減らす。**

受け取り方法や時期を自分で決められるので、60歳になるまでに、企業年金、ｉＤｅＣｏ、公的年金の受け取り方をシミュレーションしましょう。そうすることで、働き方も含めて全体のプランニングができるのです。

## 年金の受け取り方

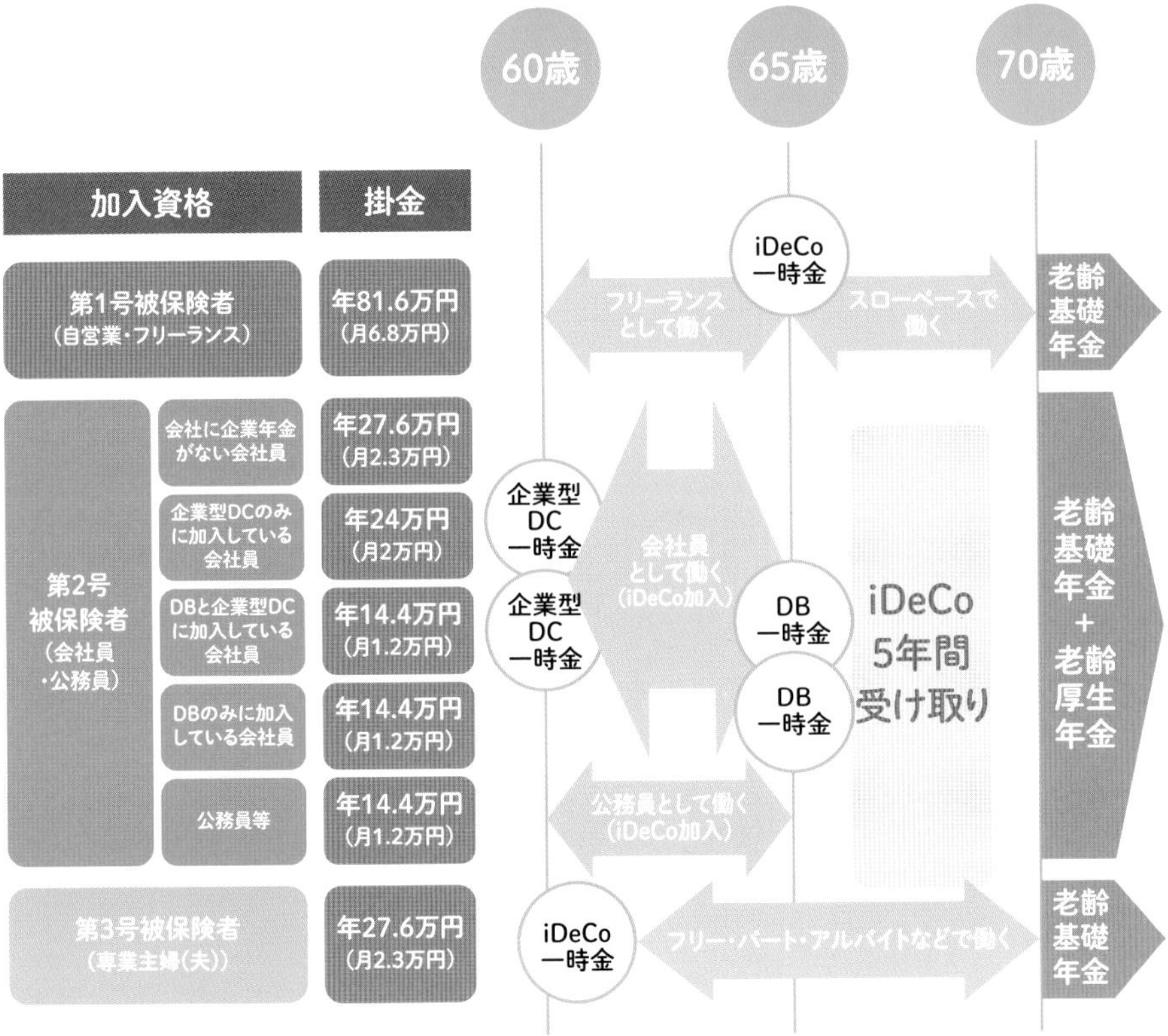
60歳
65歳
70歳
加入資格
掛金
第1号被保険者
(自営業・フリーランス)
年81.6万円
(月6.8万円)
第2号
被保険者
(会社員
・公務員)
会社に企業年金がない会社員
年27.6万円
(月2.3万円)
企業型DCのみに加入している会社員
年24万円
(月2万円)
DBと企業型DCに加入している会社員
年14.4万円
(月1.2万円)
DBのみに加入している会社員
年14.4万円
(月1.2万円)
公務員等
年14.4万円
(月1.2万円)
第3号被保険者
(専業主婦(夫))
年27.6万円
(月2.3万円)
iDeCo
一時金
フリーランスとして働く
スローペースで働く
老齢基礎年金
企業型
DC
一時金
企業型
DC
一時金
会社員として働く
(iDeCo加入)
DB
一時金
DB
一時金
iDeCo
5年間
受け取り
老齢基礎年金
+
老齢厚生年金
公務員として働く
(iDeCo加入)
iDeCo
一時金
フリー・パート・アルバイトなどで働く
老齢基礎年金

DBは会社に据え置くほど
1%を超える金利がつく
ところが多く、口座管理手数料
も会社が負担するので、
65歳まで受け取らない
ほうがいいです

# iDeCoの資産運用

**iDeCoは「長期投資」に向いた制度です。運用する商品を選んだら「プロ」におまかせして、「ほったらかし」でコツコツ、資産を育てましょう。**

## リスクを理解して元本確保型か元本変動型かを自分で選ぼう

iDeCoは自分で掛金を決められるだけではなく、**運用する金融商品も自分で選びます。iDeCoでは、「元本確保型」と「元本変動型」**があります。

元本確保型の商品に分類されているのは定期預貯金と年金保険です。満期時に元本と利息が確保されているので、「せっかく積み立てたのに、受け取る額が減っている」ということはありません。しかし、**利息はほとんど期待できません。**年金保険は途中で解約すると元本割れもありますので、満期まで持ち続けることができるのかも検討したいところです。

一方、元本変動型は運用状況に応じて残高が変動する投資信託です。相場環境や自分で選んだ運用商品によっては、元本割れをする可能性がある一方で、**運用による利益の幅が大きくなることも考えられます。**

投資信託は、不特定多数の人がお金を出し合ってファンドをつくり、そのお金で多数の株式や債券などに投資するもの。**専門家が投資・運用します。**株式や債券に投資するのか、どこの国や地域に投資するのかを決めますが、**高いリターンを期待したいなら株式中心、安定運用なら債券といった具合**です（左ページ参照）。

どの金融商品を購入するかを決めたら、あとはプロの判断で投資運用をおまかせします。いわば**「ほったらかし」**で、株価の変動などに一喜一憂する必要はありません。

iDeCoは長期投資。じっくり収益を上げやすい仕組みになっています。自分の年金資産を半年、あるいは1年に一回、定期的に確認するだけでいいでしょう。

## リスクとリターンの関係

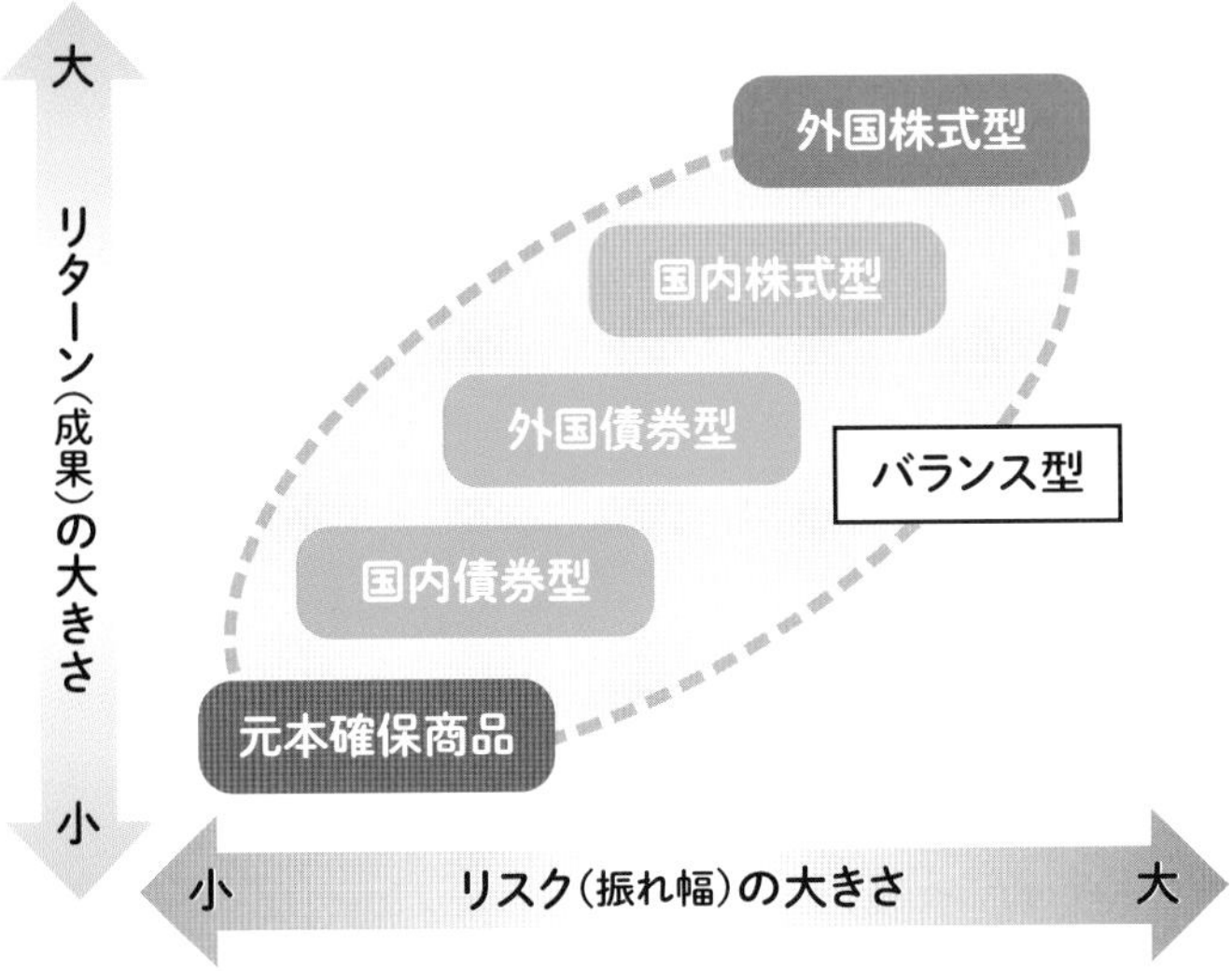


※一般的なイメージ図。すべての金融商品があてはまるものではない。

## 「リスク」は「リターンの振れ幅」のこと

リターンとは、資産運用を行うことで得られる成果のことであり、収益を得ることもあれば、損失が出ることもある。

一方、一般的にリスクとは危険なこと、避けるべきこと、という意味で使われるが、資産運用の世界では、リターンの振れ幅のことを表している。

「リスクが大きい」とは、「大きく収益が得られるかもしれないし、逆に大きく損失が出るかもしれない」という意味である。

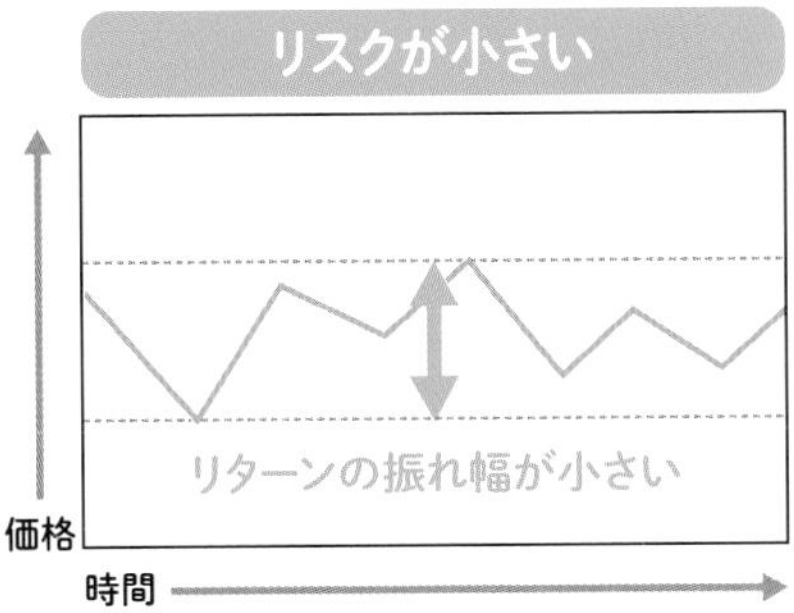


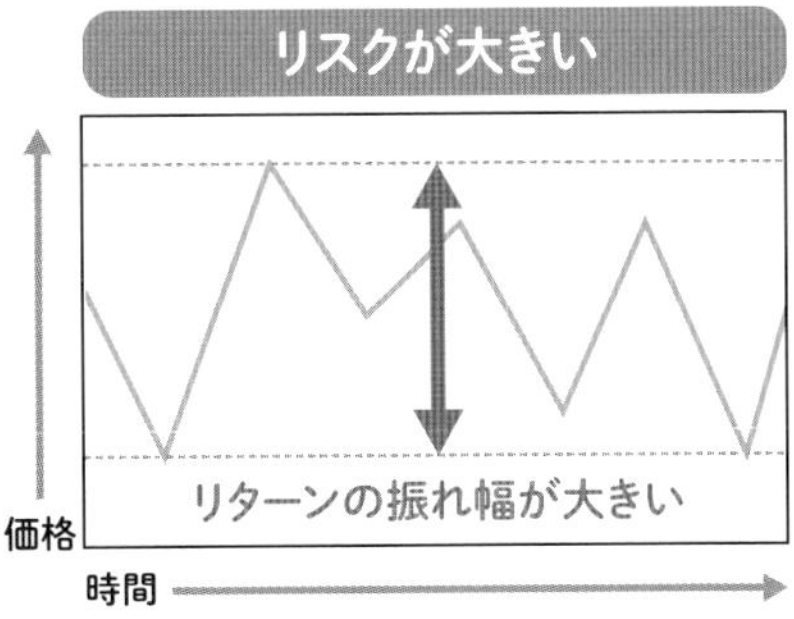

# iDeCoの書類記入の注意点

**加入するには申込書類の提出が必要。会社員などは勤務先に記載してもらう箇所もあるので、注意が必要です。でも、このとおりにやれば大丈夫！**

## 被保険者の種別で異なる提出書類に注意が必要

iDeCoを「さて始めよう！」と決意して動きだしたものの、**「申込書」の書き方の時点で戸惑ってしまう**という話をよく聞きます。そこで戸惑いがちな部分をお伝えしましょう。

iDeCoへの「加入申込書」を請求する前に必要となる書類などを揃えておきます。

- 基礎年金番号
- 掛金引落口座情報
- 金融機関届出印
- 個人型年金加入申出書

会社員と公務員の場合は**「個人型年金加入申出書」**に加え**「事業所登録申請書兼第2号加入者に係る事業主の証明書」**が必要となります。自営業者など個人事業主や専業主婦（夫）は「個人型年金加入申出書」のみです。種別によって書類が異なるので、申込書類を取り寄せるときは注意しましょう。

**基礎年金番号**というのは、公的年金の被保険者（加入者）に必ず割り当てられています。番号は年金手帳に記載されていますが、勤務先に年金手帳を預けている会社員の方は、**「事業主の証明書」**に記入依頼の際に確認してもらいましょう（年金手帳は２０２２年４月に廃止。事業主の証明書は同年10月を目途に撤廃の予定）。

本人の氏名の部分に**印鑑が必要**です。実印でなくても大丈夫ですが、認印は不可です。

掛金を引き落とすための**口座情報と金融機関への届出印**を確認しましょう。引き落としに使えない口座もあります。iDeCoを管轄する国民年金基金連合会で指定できる金融機関をチェックします。

**申込書への記入は老後資金確保の第一歩**。頑張っていきましょう。

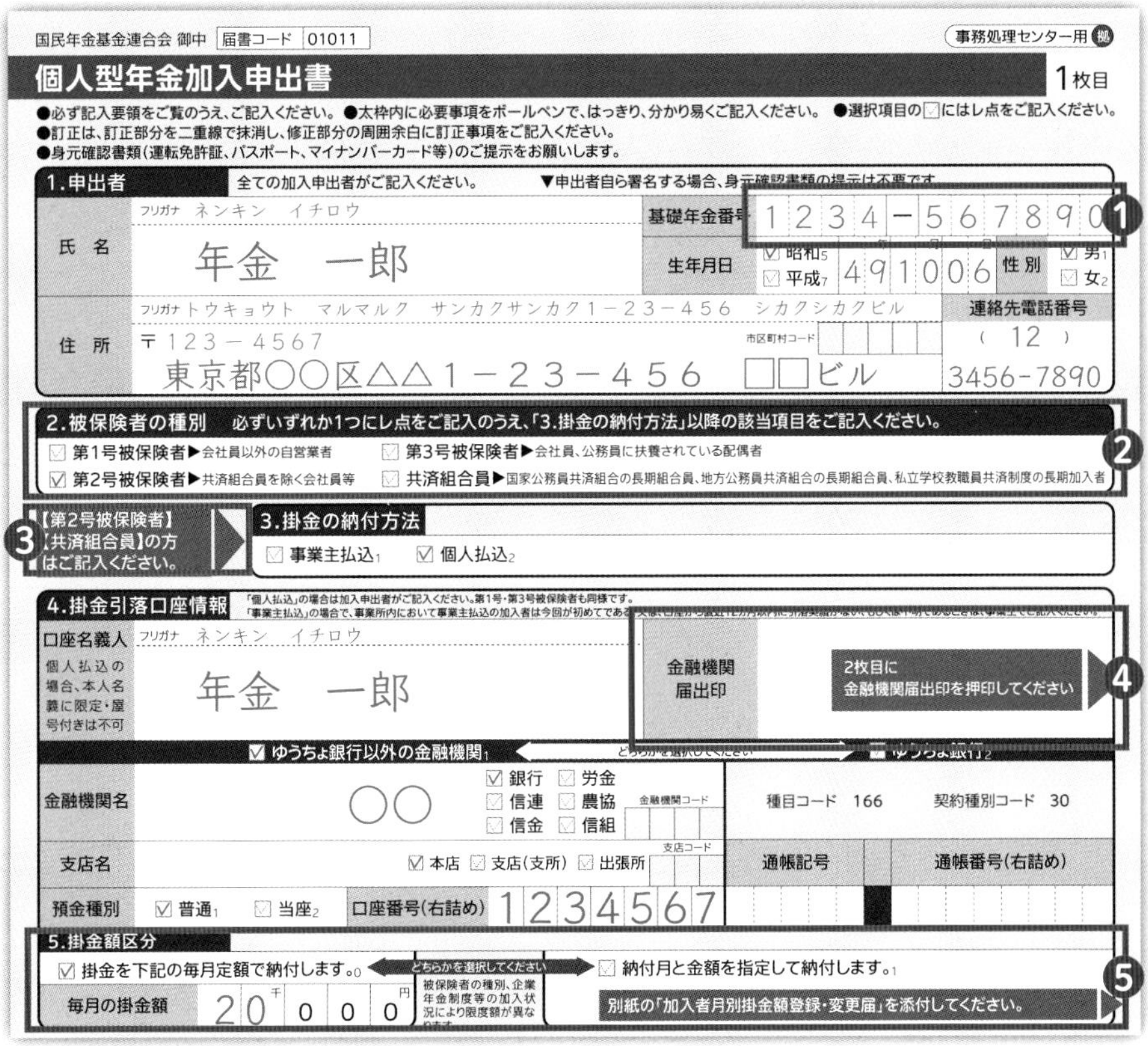

国民年金基金連合会 御中 届書コード 01011　　事務処理センター用

# 個人型年金加入申出書

1枚目

●必ず記入要領をご覧のうえ、ご記入ください。●太枠内に必要事項をボールペンで、はっきり、分かり易くご記入ください。●選択項目の☑にはレ点をご記入ください。
●訂正は、訂正部分を二重線で抹消し、修正部分の周囲余白に訂正事項をご記入ください。
●身元確認書類(運転免許証、パスポート、マイナンバーカード等)のご提示をお願いします。

1.申出者　全ての加入申出者がご記入ください。　▼申出者自ら署名する場合、身元確認書類の提示は不要です

氏名　フリガナ ネンキン　イチロウ　年金　一郎

基礎年金番号 1234－567890 ❶

生年月日 ☑昭和5 ☑平成7 491006　性別 ☑男1 ☑女2

住所　フリガナ トウキョウト　マルマルク　サンカクサンカク1－23－456　シカクシカクビル
〒123－4567　市区町村コード
東京都○○区△△1－23－456　□□ビル

連絡先電話番号 (12) 3456-7890

2.被保険者の種別　必ずいずれか1つにレ点をご記入のうえ、「3.掛金の納付方法」以降の該当項目をご記入ください。 ❷
☑ 第1号被保険者▶会社員以外の自営業者　☑ 第3号被保険者▶会社員、公務員に扶養されている配偶者
☑ 第2号被保険者▶共済組合員を除く会社員等　☑ 共済組合員▶国家公務員共済組合の長期組合員、地方公務員共済組合の長期組合員、私立学校教職員共済制度の長期加入者

❸【第2号被保険者】【共済組合員】の方はご記入ください。
3.掛金の納付方法　☑ 事業主払込1　☑ 個人払込2

4.掛金引落口座情報　「個人払込」の場合は加入申出者がご記入ください。第1号・第3号被保険者も同様です。
「事業主払込」の場合で、事業所内において事業主払込の加入者は今回が初めてである

口座名義人　フリガナ ネンキン　イチロウ　年金　一郎
個人払込の場合、本人名義に限定・屋号付きは不可

金融機関届出印　2枚目に金融機関届出印を押印してください ❹

☑ ゆうちょ銀行以外の金融機関1　どちらかを選択してください　☑ ゆうちょ銀行2

金融機関名　○○　☑銀行 ☑労金 ☑信連 ☑農協 ☑信金 ☑信組　金融機関コード
種目コード 166　契約種別コード 30

支店名　☑本店 ☑支店(支所) ☑出張所　支店コード
通帳記号　通帳番号(右詰め)

預金種別 ☑普通1 ☑当座2　口座番号(右詰め) 1234567

5.掛金額区分 ❺
☑ 掛金を下記の毎月定額で納付します。0　どちらかを選択してください　☑ 納付月と金額を指定して納付します。1
毎月の掛金額 20千 000円　被保険者の種別、企業年金制度等の加入状況により限度額が異な
別紙の「加入者月別掛金額登録・変更届」を添付してください。

❶基礎年金番号は年金手帳から転載。会社に預けている人は事業所書類記載時に確認。

❷被保険者の種別によって提出書類や掛金の上限額が変わるため、要チェック。

❸掛金の納付方法は会社で確認しましょう。

❹2枚目の書類に押印します。複写式でもすべての用紙を確認しましょう。

❺掛金額区分を選びます。毎月定額ならば左を選択し金額を指定。
年単位での拠出なら右を選択して別紙に記入し、必要書類を添付します。

上の図を
参考にすれば、
心配すること
ありませんよ

# 余ったら貯蓄、ではお金は貯まらない。天引き貯蓄にしておきましょう

貯蓄に回せるお金は、「収入ー支出＝貯蓄」と考えていませんか？

このような発想では貯蓄はできないのです。貯蓄をするためには、

「収入ー貯蓄＝支出」

これしかありません。最初から貯蓄額を引いた残りで生活しましょう。多少は厳しい部分もあるかもしれませんが、貯蓄のない生活は不安ですね。一日も早く「天引き貯蓄」を習慣づけましょう。

ここで貯蓄に回す金額の目安ですが、手取り収入の何パーセントかを決めておきます。年収によって異なりますが、教育費のかかる子どものいるご家庭なら手取り収入の5～10％、子どもがいないなら15％。シングルで実家住まいの人なら30％、家賃や住宅ローンを払っている世帯なら10％。まずはこの数値を目安にしてみましょう。

長期的な資金繰りがわかるようにするために、「キャッシュフロー表」を活用するのもおすすめです。キャッシュフロー表とは、夫婦に子どもなど家族構成を前提にし、世帯収入、生活費、住宅費用など大型支出の額、その他の支出額が年々、どのように推移していくのかを時系列で書き込み、毎年、どの程度の収支になるかを予想するもの。これを作成したうえで、今から将来を見据えて毎年の貯蓄額を決めるといいでしょう。

ただし、決めたことだからと貯蓄に回して足りない部分をキャッシングで……なんて絶対にダメ。足りなくなったら割合などを見直して修正しましょう。

Chapter

# 4

## 長期運用で大きなメリット!

# iDeCoと つみたてNISAの すごい節税効果

iDeCoとつみたてNISAは少額から積み立てができて、長期投資によってゆっくりと大きく資産を増やせる可能性があるのが特徴。

最大の魅力はさまざまな税制優遇があること！

だから同じ額のお金を積立で運用していても、手元に残るお金に差が出るのです。

iDeCoとつみたてNISAに「ダブル投資」すれば、さらに大きな節税効果が得られます。

みなさんにとってお得な情報と将来の安心につながる制度を私がわかりやすく解説します。

あなたの
老後が
変わりますよ!

# iDeCoの税制優遇を知る

**少額で長期積立できるのであれば、対象になる投資信託はたくさんあります。でもiDeCoは老後資金づくりに加え、さらに税制優遇もあるのです。**

iDeCoの特徴は
なんといっても
3つの税制優遇！

「自分で年金をつくる」iDeCoには3つの税制優遇があります。

その1つ目が、**掛金の全額が所得から控除**されること。

例えば、会社員の場合は給与収入に対して税金がかかるわけではありません。まず、収入から給与所得控除と各種の所得控除を差し引きます。この差し引かれたあとの所得を「課税所得」といい、課税所得に対して税率をかけて計算します。掛金全額が所得から控除されれば、負担する所得税、住民税が軽減されるわけです。年収にもよりますが、**15〜55％も節税**できるのですから大きいですね。

2つ目は、**運用益に税金がかからない**こと。仮に2万円の運用益をあげた投資信託があったとします。株式や投資信託などの運用益に対しては、通常20・315％の税金がかかりますから、課税口座での投資だと税金が引かれて、1万5937円となります。その点、iDeCoなら非課税なので2万円のまま運用できます。税金をコストと考えると、かなりの負担といえるでしょう。さらに**運用益が資金になってそのまま運用**していくので、長く続けるほど、その差は大きくなります。

3つ目は**iDeCoを受け取るときの税制優遇**です。

一括で受け取ると、退職所得控除の対象になります。年金のように定期的に受け取ると雑所得となり、公的年金等控除が適用されます。受け取る方法によって生じる税金が異なります。

掛け金、運用益、受け取るときの税金と3段階でメリットを享受できるのがiDeCoの魅力なのです。

## 税制優遇でこれだけお得！

### 条件

- 年収：500万円
- 毎月の積立金額：20,000円
- 積立期間：10年
- 運用利率：3%

### 積立時

節税できる所得税・住民税の金額

| | |
|---|---|
| 10年間の節税額 | 480,000円 |
| 1年間の節税額 | 48,000円 |

### 運用時

節税できる運用益の金額/積立運用額

| | |
|---|---|
| 運用益の節税額 | 78,966円 |

2,400,000円を積み立てると、
78,966円の節税効果があり、
2,794,828円になる計算

→

| | |
|---|---|
| 積立元金 | 2,400,000円 |
| 運用益 | 394,828円 |
| 合計金額（積立元金+運用益） | 2,794,828円 |

※楽天証券の節税シミュレーションを使って計算しています。
※計算結果はあくまでシミュレーションであり、概算金額を示唆・保証するものではありません。また、将来税制が変更になった場合、結果が変わる可能性があります。節税できる金額の算出にあたっては、第2号被保険者の方の給与所得控除のみ収入金額から控除し、それ以外の控除は考慮しておりません。したがって実際の節税額とは異なる場合があります。 税制に関する事項については、最寄りの税務署や税理士らの専門家にお問い合わせください。

iDeCoの税制優遇①

# 掛金全額所得控除

**ここからはそれぞれの税制優遇メリットを解説していきます。税金計算のもととなる課税所得を大きく減らせるのがiDeCoの仕組み。その額を含めて投資効果と考えられるでしょう。**

長期積立をするだけで所得税、住民税が減る

iDeCoの掛金は月々5000円からです。上限額は職業や会社の企業年金の種類などで異なります。

所得税や住民税額は課税所得の多寡で決まります。課税所得が多ければ、支払う税金も多くなります。課税所得を下げるためには収入を減らせばいいのですが、老後資金を増やしたいのにそれでは意味がありません。では、どうすれば課税所得が低くなるのでしょう。**自分が得た収入（給与の全額）から差し引かれる「所得控除」が多ければ、課税所得は低くなります。**当然その分、税金も抑えられます。

iDeCoは掛金全額が所得控除される「小規模企業共済等掛金控除」の対象です。**掛金分は額面年収から控除を受けられる**ことになります。つまり、**掛金をなるべく多く拠出すれば、所得控除額が多くなる**のです。

では、年間でどの程度控除されるのか見てみましょう。例えば、年収600万円の会社員（40歳）が上限額の2万3000円を掛金とすると、年間27万6000円です。住民税率は一律10%、所得税率はこの年収なら10%です(左ページ参照)。

iDeCoの年間掛金に住民税率と所得税率の和をかけた分が節税額になりますので、

27万6000円×（10%+10%）
=5万5200円

これが1年間の節税効果です。20年たてば110万4000円。このまま長期で運用を続ければ、節税効果は加入期間ずっと続くのです。

早く始めると長く所得控除が受けられ、給料が上がると控除額も上がっていきます。

## 税制優遇「所得控除」とは？

● 所得税率

| 課税所得金額 | 税率 | 控除額 |
|---|---|---|
| 195万円以下 | 5% | 0円 |
| 195万円超〜330万円以下 | 10% | 97,500円 |
| 330万円超〜695万円以下 | 20% | 427,500円 |
| 695万円超〜900万円以下 | 23% | 636,000円 |
| 900万円超〜1,800万円以下 | 33% | 1,536,000円 |
| 1,800万円超〜4,000万円以下 | 40% | 2,796,000円 |
| 4,000万円超 | 45% | 4,796,000円 |

● 住民税率10%

※平成25年から令和19年については、このほかに復興特別所得税として各年所得税額に対して2.1%が課税されます。

住民税（一律）　所得税率

10% ＋ 　% ＝ 　%

**節税額はいくら?**

年間のiDeCoの掛金合計　税率　年間の節税額

円 × 　% ＝ 　円

**60歳までの節税合計は?**

年間の節税額　60歳－加入時年齢　節税額合計

円 × 　年 ＝ 　円

iDeCoの税制優遇②

# 運用益が非課税

**一般の金融商品の運用益には税金がかかります。iDeCoは全額非課税。どんなに利益が出ても税金を差し引かれることはないのです！**

利益が出たら、税金のかからない分も再投資できる

iDeCoは長期で積み立て、投資する仕組みです。投資信託は当然、利益が出ることを目指して運用されています。

投資信託は運用によって得た利益や配当金は、通常の取引では課税対象になります。税率は20・315%（復興特別所得税含む）です。100万円の利益があると約20万円の税金がかかります。100万円の運用益をあげたとしても約20万円の税金が引かれ、手元に残るのは約80万円になってしまうわけです。

**iDeCoは運用益が全額非課税ですから、100万円の利益が出たら100万円はそのまま手元に残ります。**そしてその100万円は次の投資資金に回ります。**複利効果のように増やす**ことができるのです。

運用益が全額非課税になるということは、**大きな利益を得られるほど「得」ができる**ことになります。具体的に考えてみましょう。

専業主婦で毎月2万3000円を1%の運用利回りで投資している人と、積極運用で5%の運用利回りで投資している人を比べてみます（左ページ参照）。1%だと、1年間の運用益が14万1447円となります。運用益の節税額は2万8289円です。5%だと運用益が81万1492円、節税額は16万2298円です。

投資の運用益は約束されたものではありません。

それでもiDeCoなら利益が出たらそのまま享受でき、税金で差し引かれないという税制優遇によって、節税分がそのまま運用に回って、**お金がお金を増やしてくれる**のです。

## 運用益の節税額

50歳の専業主婦が上限掛金を月額23,000円でiDeCoをスタートし、そのまま10年間運用したとします。

Aは「リスク回避」することを主眼に置いた運用利率1%の結果。Bはリスクをとった「積極的な運用」で運用利率5%の結果。消極的でも掛金1か月分以上が、積極運用なら7か月分以上が節税されます。その節税分はそのまま運用に回されるので、複利効果も期待できるのです。

### A 運用益の節税額 28,289円

2,760,000円積み立てると、
28,289円の節税効果もあり、
2,901,447円になる計算

| | |
|---|---|
| 積立元金 | 2,760,000円 |
| 運用益 | 141,447円 |
| 合計金額（積立元金+運用益） | 2,901,447円 |

### B 運用益の節税額 162,298円

2,760,000円積み立てると、
162,298円の節税効果もあり、
3,571,492円になる計算

| | |
|---|---|
| 積立元金 | 2,760,000円 |
| 運用益 | 811,492円 |
| 合計金額（積立元金+運用益） | 3,571,492円 |

※楽天証券の「節税シミュレーション」を使って計算しています。

お得な
メリットを
実感して！

# 受け取り時の控除

**3つ目のメリットは、受け取るときにも税制優遇を受けられること。積み立てた資産の受け取り方も「一時金」と「年金」あるいはそれらの「併給」から選ぶことができます。**

## 受け取るときに「退職所得控除」や「公的年金等控除」がある

iDeCoでは、積み立てた資金を受け取る段階でも税制優遇があります。受け取り方を「一時金」と「年金」から選ぶことも可能です。iDeCoの資産は、これまで60歳から70歳の間に受け取りを開始する必要がありましたが、先述のとおり、２０２２年４月以降は上限が75歳まで引き上げられます。

積み立てた資金全額を**一時金として一括で受け取る場合には、退職金と同じように「退職所得控除」の対象**になります。受け取る資産が退職所得控除の範囲内の金額であれば非課税になるので、税負担が軽減されます。

ただし、勤務先の退職金とiDeCoの資産を同時に受け取る場合には、控除の枠をはみ出してしまい、課税対象になる可能性があります。

**5年以上20年以下などの期間で、年金のように定期的に受け取ることを選んだ場合には、「公的年金等控除」**が適用されます。この場合には、年齢（65歳未満か、65歳以上か）と年金額に応じた額が控除されることになっています。

運営管理機関によっては、一時金と年金を組み合わせて受け取る「併給」を選ぶことも可能です。**併給の場合は、一時金で受け取った分は退職所得控除、年金として受け取った分は雑所得として公的年金等控除の対象**になります。どのような方法で受け取っても、税制優遇を受けることができるのです。

なお、受け取るときは、給付一回につき４４０円（税込み）の給付事務手数料がかかります。ご自身のライフプランをもとに受け取り方を想定することも大切です。

## 受け取り方法のパターン

**老齢年金**

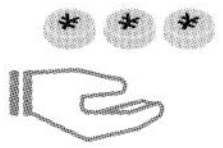

一定の金額を
定期的に受け取る

**老齢一時金**

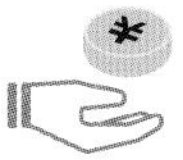

積立金額すべてを
一括で受け取る

**老齢年金と老齢一時金の併用(併給)**

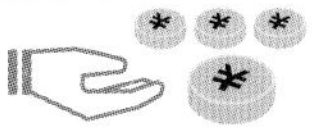

一部を一時金で
残りを年金で受け取る

## 一時金方式で受け取る場合の税制上のメリット

退職所得控除の計算方法は以下のとおりです。

| 勤続年数 | 退職所得控除 |
|---|---|
| 20年以下 | 40万円 × 勤続年数(80万円以下のときは80万円) |
| 20年超 | 800万円 + 70万円 ×(勤続年数 − 20年) |

## 年金方式で受け取る場合の税制上のメリット

老齢給付金を分割で受け取る場合、雑所得となりほかの公的年金等の収入の合算額に応じて公的年金等控除の対象となります。

公的年金等の収入の合計額が65歳未満だと60万円まで、65歳以上だと110万円までは税金がかかりません。

| 年金受取者の年齢 | 公的年金等の収入の合計額※ | 割合 | 控除額 |
|---|---|---|---|
| | 公的年金等の収入金額の合計額が60万円までの場合は所得金額はゼロとなります。 | | |
| 65歳未満 | 60万円超〜130万円未満 | 100% | 600,000円 |
| | 130万円以上〜410万円未満 | 75% | 275,000円 |
| | 410万円以上〜770万円未満 | 85% | 685,000円 |
| | 770万円以上〜1,000万円未満 | 95% | 1,455,000円 |
| | 1,000万円以上 | 100% | 1,955,000円 |
| | 公的年金等の収入金額の合計額が110万円までの場合は、所得金額はゼロとなります。 | | |
| 65歳以上 | 110万円超〜330万円未満 | 100% | 1,100,000円 |
| | 330万円以上〜410万円未満 | 75% | 275,000円 |
| | 410万円以上〜770万円未満 | 85% | 685,000円 |
| | 770万円以上〜1,000万円未満 | 95% | 1,455,000円 |
| | 1,000万円以上 | 100% | 1,955,000円 |

# つみたてNISAってなに？

**少額からコツコツ積み立て。運用益が非課税になるメリットもある「つみたてNISA」。iDeCoとはどう違うのでしょうか？**

## 積み立てた資金をいつでも引き出せる

NISA（少額投資非課税制度）には、投資上限額が年間120万円で、非課税期間が5年間の**「一般NISA」**と、投資上限額が年間40万円、非課税期間が20年間の**「つみたてNISA」**があります。

通常、株式や投資信託などを運用して得られた利益（配当・分配金や譲渡による利益）は、所得税や住民税の課税対象となりますが、運用益や配当・分配金が非課税に。**投資を始めた年から20年間非課税の恩恵が受けられるので、少額ずつ、長期でじっくり老後資金の準備**をすることができます。

つみたてNISAは、毎月口座から引き落とされ、自動的に投資信託を買い付ける**「積立投資」に限定した制度**です。毎月の金額と商品は、あらかじめ選んでおく必要があります。積み立てることができる商品は、手数料が低水準で、頻繁に分配金が支払われないなど、**金融庁が定めた基準を満たす、長期・積立・分散投資に適した投資信託とETF（上場投資信託）だけ**です。そのため、投資の初心者にとっても利用しやすい仕組みになっています。

これに対し、株式などにも投資できる一般NISAは、投資初心者にはハードルが少し高めです。

**まとまったお金を一括で投資したい人や株式に投資したい人は一般NISA、毎月少額から時間を味方につけて将来のためコツコツ積立投資をしたい人にはつみたてNISAが適しています。**

なお、NISA制度では、積み立てた資金をいつでも引き出すことが可能です。老後資金の準備はもちろん、ほかの資金用途にも活用できます。

## NISAの概要

<table>
<tr><th></th><th>つみたてNISA</th><th>NISA</th></tr>
<tr><td>新規に投資できる期間</td><td>20年間（2018〜2042年）</td><td>2028年まで</td></tr>
<tr><td>非課税となる期間</td><td>投資した年から最長20年間</td><td>最長5年間</td></tr>
<tr><td>年間投資上限額</td><td>40万円</td><td>120万円<br>※制度改正により2042年からは122万円まで</td></tr>
<tr><td>累計非課税投資上限額</td><td>800万円<br>※制度改正により2018年から投資していた人は最大1000万円まで</td><td>600万円<br>※制度改正により2042年からは610万円まで</td></tr>
<tr><td>投資対象商品</td><td>金融庁が定めた基準を満たす投資信託・ETF</td><td>上場株式（ETF、REIT含む）、投資信託など</td></tr>
<tr><td>投資方法</td><td>定期的かつ継続的方法による積立のみ</td><td>一括買付、積立</td></tr>
<tr><td>資産の引き出し</td><td colspan="2">随時可能（売却した分の再利用は不可）</td></tr>
<tr><td>損益通算、繰越控除</td><td colspan="2">不可</td></tr>
<tr><td>金融機関の変更</td><td colspan="2">年単位なら可能<br>（ただし、NISAとつみたてNISAのどちらかしか開設できない）</td></tr>
</table>

長期運用で
非課税期間も
長い、だから
お得！

# つみたてNISAの税制優遇を知る

**通常、運用で得た利益には税金がかかります。でも、つみたてNISAなら、運用益や分配金が非課税になるメリットがあります。**

## 運用益や分配金がそのまま手元に残る！

つみたてNISAは、積立専用の「個人投資家のための税制優遇制度」として2018年にスタートしました。一般NISAと同様に、**投資で得た利益が非課税**になります。通常、投資信託や株式などに投資すると、**運用している間に得た分配金や配当金、値上がりした後に売却して得た利益（譲渡益）に20・315%の税金**がかかります。ですが、「つみたてNISA」で購入すれば、**非課税で受け取る**ことができるのです。

具体的な例を見てみましょう。つみたてNISAで期待運用利回りが4%の投資信託に、月々3万円ずつ20年間積立運用したとすると、20年後には約1100万円になります。その内訳は元本720万円、20年後の運用益は約380万円です。もしも、つみたてNISA口座ではなく、課税口座で同様の運用をした場合には、約77万円が税金として差し引かれます。一方、つみたてNISAでは運用益が非課税なので、約1100万円がそのまま手元に残ります。つまり、約77万円の節税効果があると言えるのです。

仮に、期待運用利回りが6%とすると、運用益は約666万円。これにかかる税金は約135万円になります。非課税効果の大きさを実感できるのではないでしょうか。

つみたてNISAは**投資上限額が年間40万円**です。**20歳以上は一人1口座なので、家族で積み立てるのもいい**でしょう。つみたてNISAの対象金融商品は、基本的には安定的な運用を目指しています。そのため、つみたてNISAでの節税効果のポイントは、長期運用を目指すことになります。

## 積立の運用成果

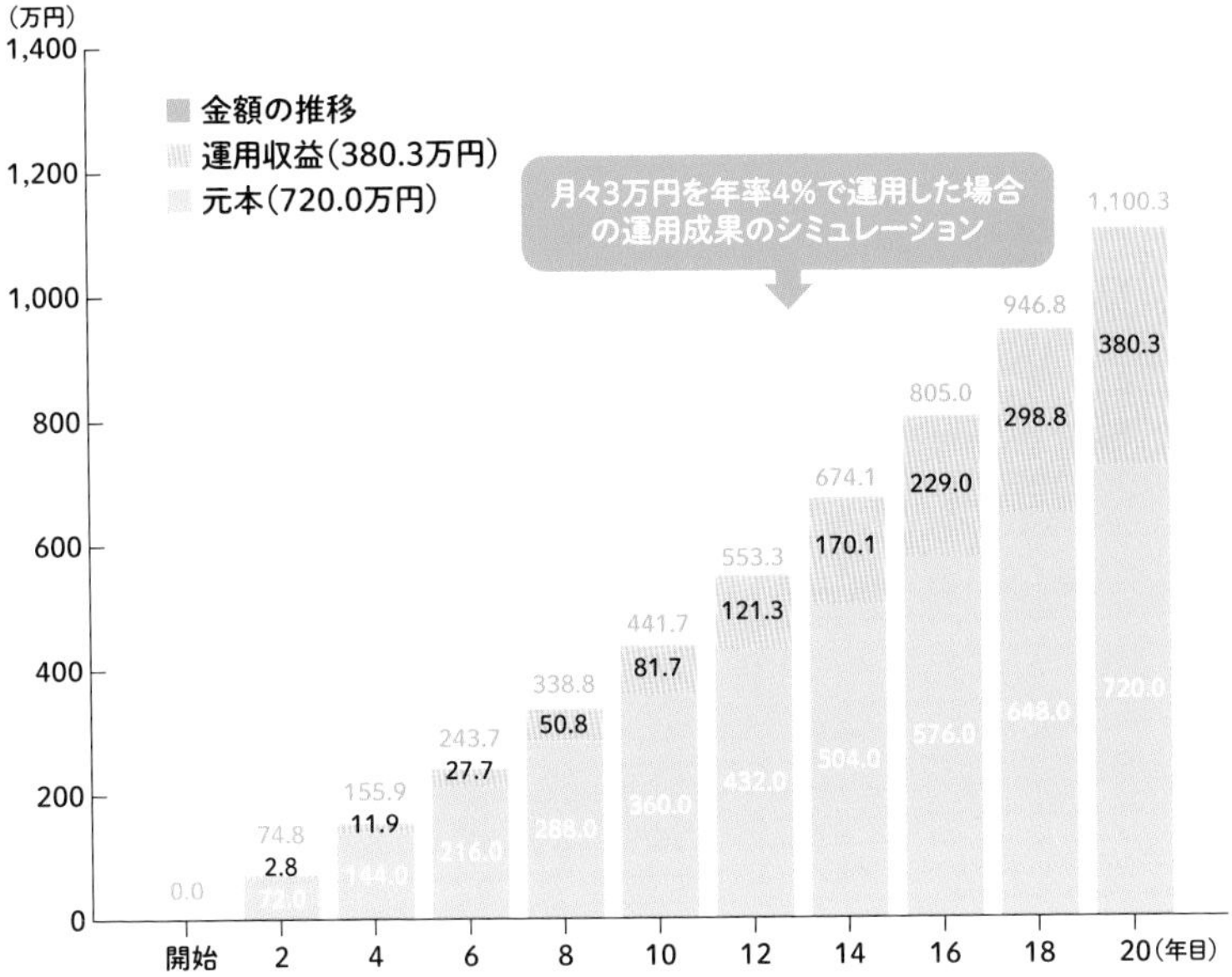


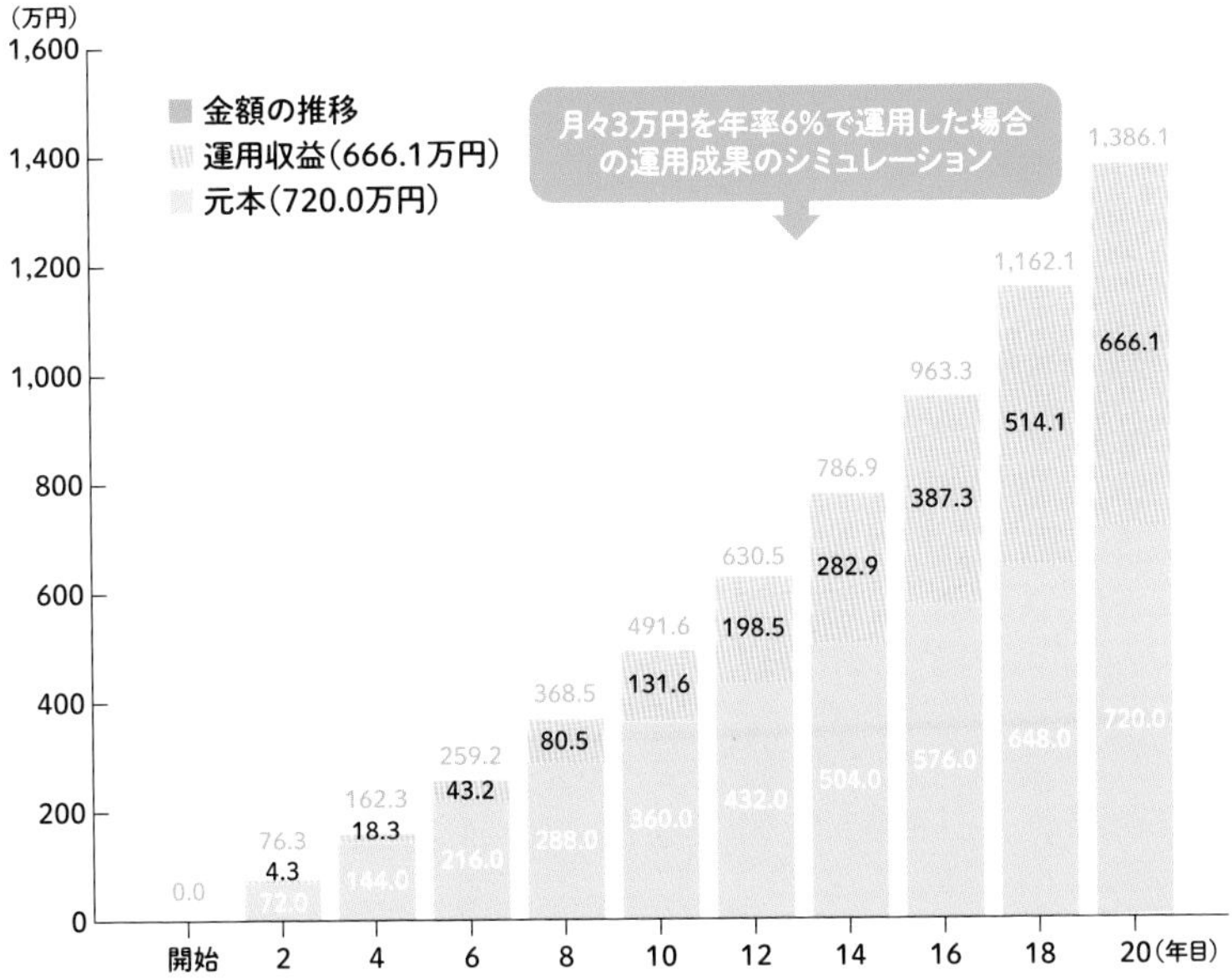


※金融庁資産運用シミュレーションを利用。
※あくまでシミュレーションであって運用成果が確定しているものではありません。

# iDeCoとつみたてNISAの違いはなに?

**iDeCoとつみたてNISAが老後資金の形成に最適な制度であることはわかりました。では、どちらを、どう活用するといいのでしょうか?**

## コストの面ではつみたてNISAが有利

iDeCoとつみたてNISA、資産形成を考えるうえでは両方を活用するのが理想的ですが、「とりあえず、どちらか一方だけでも始めたい」という人もいるでしょう。2つの制度を比較して、自分はどちらから始めればいいのかを考えてみましょう。

まずは**節税効果**です。つみたてNISAの場合、運用で得られる譲渡益と分配金が非課税になります。これに対し、iDeCoでは、拠出した掛金が全額所得控除の対象になることに加え、運用で得られた譲渡益や分配金も全額非課税になるメリットがあります。さらに、受取時にも税制優遇があります。**節税メリットだけを考えた場合には、だんぜんiDeCoがお得**です。

次に**手数料を比較**してみましょう。iDeCoでは、加入する際に**国民年金基金連合会に2829円**を支払い、積立期間中は掛金納付のたびに同基金に**「収納手数料」105円**を支払います。また、事務委託先金融機関（信託銀行）に支払う手数料が**毎月66円**かかるほか、運営管理機関に支払う手数料もあります（金融機関により異なる）。将来、積み立てたお金を受け取る際には、**給付手数料が一回につき440円**かかります。一方、つみたてNISAでは、口座開設や口座管理などには手数料がかかりません。**手数料に関してはつみたてNISAに軍配が上がる**でしょう。

選べる運用商品にも違いがあります。iDeCoでは投資信託のほか、定期預金や保険など元本確保型も用意されていますが、つみたてNISAの運用商品は投資信託（ETFを含む）に限られます。

## iDeCoとつみたてNISAどこが違う？

### ❶税金メリットが違う

税制優遇ではiDeCoのほうが圧倒的にお得。つみたてNISAが運用益・分配金のみ非課税なのに対して、iDeCoは積立時は掛金に応じた所得控除があり、運用益・分配金は非課税、受取時にも節税メリットがあります。

**税金メリットはiDeCoに軍配**

| 税優遇 | つみたてNISA | iDeCo |
|---|---|---|
| 積立時 | × | ○ |
| 運用時 | ○ | ○ |
| 受取時 | × | ○ |

### ❷手数料が違う

加入時、運用期間中、受取時（年金）にコストがかかるiDeCoに対して、つみたてNISAは加入や口座維持のコストはゼロ。iDeCoの運営管理手数料は金融機関により異なるので0円のところを選びましょう。

**iDeCoはさまざまな手数料がかかる**

| 税優遇 | つみたてNISA | iDeCo |
|---|---|---|
| 加入時（1回のみ） | 0円 | 2829円 |
| 運用時（毎月） | 0円 | 収納手数料105円<br>+事務委託手数料66円<br>+運営管理手数料 |
| 受取時 | 基本0円 | 受け取りごとに440円<br>（一時金方式か年金方式かで変わる） |

### ❸選べる商品が違う

つみたてNISAで使えるのは、金融庁が設定した基準をクリアした投資信託（EFTを含む）のみ。iDeCoは保険、定期預貯金、投資信託から選べます。どちらも、利用する金融機関により品揃えが異なります。

**つみたてNISAとiDeCoの商品イメージ**

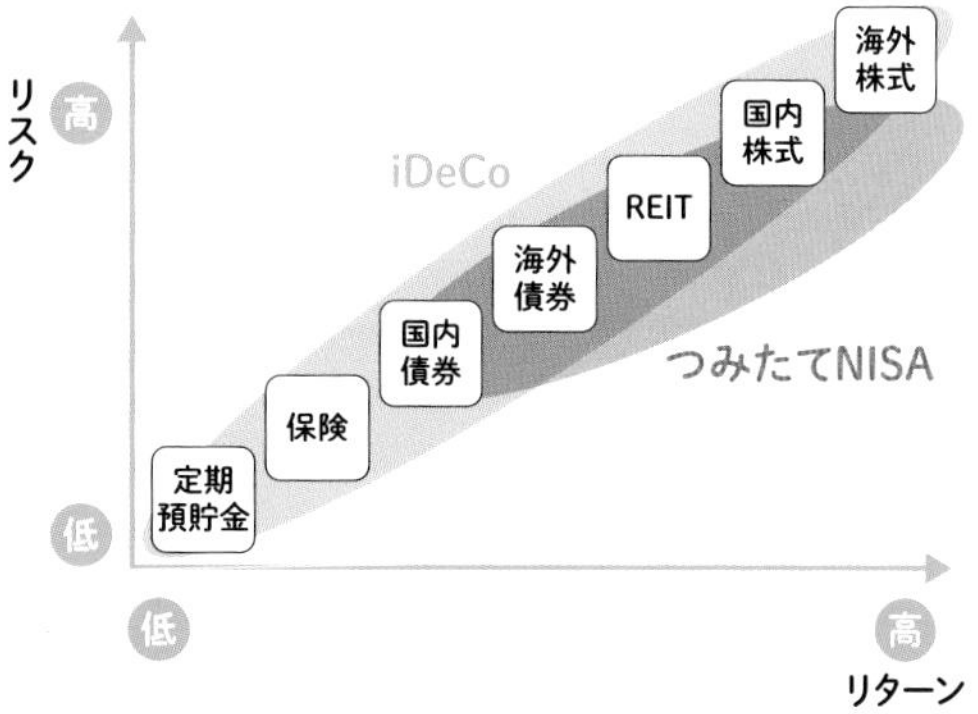

## 運用目的がはっきりしている iDeCo、自由度の高い つみたてNISA

本書をお読みの方のなかには、「いずれはiDeCoもつみたてNISAも活用したいけれども、今は子どもの教育費がかかる時期だから、どちらかひとつを選んで始めたい」という人がいらっしゃるかもしれません。その場合は、何に注目して、どう選べばいいのでしょうか。

先述のとおり、**コスト面だけを比較すると、iDeCoよりもつみたてNISAのほうにメリットを感じる**かもしれません。ですが、掛金の金額やその人の収入などによっては、**コストよりも節税メリットのほうが大きくなる場合もあります。**では、何をポイントに選べばいいのでしょうか。**迷ったら「何のために加入するのか」**を考えてみましょう。

**運用の目的が「老後資金の準備」であるなら、iDeCoを選ぶのが得策**です。iDeCoは原則として60歳まで資金を引き出すことができないからです。そのため、60歳より前にお金を引き出して使ってしまう心配がありません。あくまで一般論ですが、子どもが独立した（やっと教育費負担が終わった）、住宅ローンを完済したなどのタイミングでは気が緩み、贅沢をしたくなる傾向があります。iDeCoで老後資金を積み立てていれば、少なくともそのお金にまで手を付けることはないでしょう。

**「老後資金は準備したいけれど、ほかの目的でも使いたい」のであれば、つみたてNISA**から始めてみましょう。金融機関によっては100円から積み立てることもできるので、気軽に始めることができます。いつでも引き出すことができ、かつ一部だけ引き出すことも可能なので、例えばお子さんの大学への入学費用として、積み立てた資金の一部を取り崩すといったことも考えられます。

それぞれの制度のメリットとデメリットを理解し、今後のライフイベントや家計状況を考えて、上手に賢く活用しましょう。

もう悩んでる
場合じゃない
ですよ！

## iDeCoとつみたてNISAのポイント

| iDeCo | | つみたてNISA |
|---|---|---|
| 60歳以降、リタイア後の老後に使う資金をつくる | どう使い分ける?(目的・活用例) | 制限なし |
| 積立時・運用時・受取時に税制優遇がある | 税制上のメリットは? | 運用時に得た利益・分配金が非課税になる |
| 原則20歳以上60歳未満 | 利用できる年齢は? | 20歳以上 |
| 60歳まで(運用益非課税で保有できる期間は70歳まで) | 利用できる期間は? | 最長20年間 |
| 毎月5000円〜 | いくらから積み立てできる? | 1回100円〜 ※金融機関により異なる |
| 14万4000〜81万6000円 ※職業や加入している年金により異なる | 年間いくらまで投資できる? | 40万円まで |
| 元本確保型:定期預金・保険<br>元本変動型:投資信託 | どんな商品を選べる? | 投資信託(ETFを含む)のみ ※定期預貯金や保険は対象外 |
| 60歳以降 ※積立期間により受給開始可能年齢が異なる | いつから出金できる? | 制限なし |
| 原則60歳までできない | 途中解約できる? | できる |
| できる | 運用のしやすさ(スイッチング、配分変更) | できない |

# iDeCoとつみたてNISAの注意点

**iDeCoやつみたてNISAはメリットばかりではありません。注意したいことも確認しておきましょう。**

デメリットを押さえて、自分に合う使い方をしよう

iDeCoとつみたてNISAを上手に利用するために、注意したいポイントを整理しておきましょう。まずはiDeCoからです。

❶原則60歳まで引き出せない
❷職業などにより掛金の上限額が決まっている
❸年金受取時に税金がかかる場合もある

iDeCoは「自分でつくる年金」という位置づけなので、60歳まで引き出すことができません。これはメリットなのですが、**老後資金以外の目的に使えない**ということが「デメリット」と捉えられる場合もあるようです。

次に、つみたてNISAです。

❶投資できる商品が限定されている
❷非課税枠が年間40万円
❸リバランスができない

つみたてNISAの対象商品は、「少額から長期・積立・分散投資」に適した公募株式投資信託とETFに限定されています。投資信託とETFは、値動きのある金融商品なので、**近々に使う目的が決まっている場合には不向き**です。例えば、5年以内に子どもが大学に進学する予定がある場合などが該当しますね。また短期間に高騰することを期待している人には向いていません。

金融商品や仕組みは、目的や自分の生活スタイルに合ったものや方法を選ぶことが大切です。iDeCoなら月5000円から、つみたてNISAは金融機関によっては100円から始められます。

税制メリットを享受しながら、長期間、積立運用をしていくと20年後、40年後には、大きく資金が育っている可能性が高いもの。それがこの2つの制度です。

## iDeCoの注意点

| | |
|---|---|
| 原則60歳まで引き出せない | 自分でつくる年金という位置づけのため、積み立てた資産は原則、60歳以降まで引き出せない |
| 職業などで掛金の上限額が決まっている | 会社員、公務員、自営業者、主婦といった職業などによって掛金の上限額が決まっているため、それを超えて積み立てることはできない |
| 年金受取時に税金がかかる場合がある | iDeCoを年金で受け取る場合、他の所得と合計する総合課税で計算するため、他の所得の金額によっては税金がかかる場合がある |
| 加入可能年齢が決まっている | iDeCoに加入できる年齢は60歳未満（2022年5月からは65歳未満）と決められている |
| 原則、中途解約できない | 加入者が死亡したり、高度障害者になった場合を除き、中途解約ができない |
| 手数料がかかる | 加入時と加入期間中、受取時に手数料がかかる |

## つみたてNISAの注意点

| | |
|---|---|
| 投資できる商品が限定されている | 投資できる商品が「長期・積立・分散投資」に適した公募株式投資信託と上場株式投資信託（ETF）に限定されている |
| 非課税枠の上限額が年間40万円 | つみたてNISAの非課税枠は年間40万円が上限 |
| 非課税枠の再利用や繰り越しができない | 非課税枠を再利用したり、翌年以降に繰り越すことはできない |
| リバランスが難しい | 非課税枠を再利用できないので、配分を調整するにはそれぞれの投資信託の積立額を見直すほかなく、リバランスしにくい |
| 特定口座や一般口座との損益通算ができない | 特定口座や一般口座の運用益と損益通算したり、損失を翌年以降に繰り越したり（繰越控除）することができない |

# iDeCoとつみたてNISAでダブル投資

**資産をコツコツ増やすのに最適なiDeCoとつみたてNISA。どちらかひとつではなく、両方を活用したい理由があります！**

## 「どちらか」ではなく「どちらも」を選択肢に

真剣に資産形成を考えているなら、iDeCoとつみたてNISAを「どちらも」活用する**「ダブル投資」**を始めましょう。

先述のとおり、iDeCoとつみたてNISAは、税制優遇メリットの違いのほか、非課税期間や選べる商品、コスト、途中解約の可否などに違いがあります。

また、iDeCoでは**運用する金融商品の種類や資産構成割合を変更する配分変更**や、これまでに積み立ててきた商品の一部もしくは全部を解約して、別の商品に預け替える**スイッチングが手数料無料**でできます（運用商品によっては、解約時に信託財産留保額がかかる場合もあります）。

これに対し、つみたてNISAでは、積み立てる商品を替えることはできますが、保有している投資信託やETFを売却した場合、**非課税枠を再利用することはできません。**つまり、保有する商品の配分を変えたり、スイッチングすることはできないのです。

制度に違いはあっても、どちらも長期投資に適した、節税効果の高い制度です。併用することで、**iDeCoでは掛金が全額所得控除の対象になり、運用益が非課税になる、つみたてNISAでも運用益が非課税になるというトリプルメリットを享受することが可能**になります。なお、どちらの制度も、積み立てる金額を変更することはできます。どちらも月々5000円でスタートして、積立額が増やせそうなら、1000円ずつ増やすなどしてみましょう。制度の違いを理解したうえで、それぞれの強みを生かしながら活用することが大切になります。

## iDeCoとつみたてNISAどこが違う？

### iDeCoでは

- 掛金、運用益、受給時に税金優遇がある
- 最低掛金5000円～
- 年間上限投資額、14万4000～81万6000円（※職業や加入している年金により異なる）
- 60歳にならないと受給できない

### つみたてNISAでは

- 運用益・分配金が非課税に
- 最低掛金は100円～（※金融機関により異なる）
- 年間上限投資額は40万円まで
- いつでも出金可能

少額投資でも税制優遇は受けられる

iDeCo　つみたてNISA

60歳まで現金化できないので、強制的に貯まっていく

iDeCo

急な出費が必要となったとき、いつでも現金化して使える

つみたてNISA

**お互いに足りない部分を補い、プラスされることで大きな効果をあげる。これがダブル投資効果です！**

## 今すぐ始めたいダブル投資の節税効果を検証

ここで、iDeCoとつみたてNISAのダブル投資で、どれだけの節税効果が得られるかを検証してみましょう。

例えば、勤め先に企業年金のない、年収400万円の40歳の会社員が、iDeCoは最低積立額である月々5000円、つみたてNISAも月々5000円、どちらも運用利回りは3％だったと仮定します。運用は、非課税期間のみです。

**iDeCo**

所得税・住民税　節税分…18万円

運用益非課税額　節税分…8万9693円

運用益…………44万1510円

**つみたてNISA**

運用益非課税額　節税分…8万9693円

運用益…………44万1510円

◎ダブル投資で得した税金…35万9386円

◎ダブル投資で手にした運用益…88万3020円

iDeCoとつみたてNISAを活用して、月々1万円、年間12万円積立投資を20年間続けたことで、35万9386円も節税することができ、88万3020円の運用益を手にすることができたことになります。

節税効果は、月々の掛金が多いほど大きくなります。ですが、月々1万円でもこれだけの節税が可能です。ちなみに、5000円のままだと、iDeCoでの積立元金は120万円、運用益を含めると164万1510円が老後資金として残ります。つみたてNISAも20年続けることで、合計すると328万3020円のお金を準備できる計算です。

iDeCoとつみたてNISAへのダブル投資を続けることで、**「老後資金を準備できている。しかも増えている」という心の余裕**も生まれます。少額からでも、とにかく「始める」ことが大切です。

ダブル投資のトリプルメリットを実感してください

## ダブル投資した際の差額

**Aさん40歳、Bさん45歳、Cさん50歳、Dさん55歳、Eさんが60歳で全員年収400万円、iDeCoに月々2万3000円、つみたてNISAに月々3万円を60歳まで運用（Eさんはつみたて NISAのみ5年間）、運用利回りはどちらも3%、非課税期間のみの運用とする**

| | | |
|---|---|---|
| Aさん（40歳） | ダブル投資で得した税金 | 約176万円 |
| | ダブル投資で手にした運用益 | 約465万円 |
| Bさん（45歳） | ダブル投資で得した税金 | 約112万円 |
| | ダブル投資で手にした運用益 | 約248万円 |
| Cさん（50歳） | ダブル投資で得した税金 | 約62万円 |
| | ダブル投資で手にした運用益 | 約105万円 |
| Dさん（55歳） | ダブル投資で得した税金 | 約26万円 |
| | ダブル投資で手にした運用益 | 約25万円 |
| Eさん（60歳） | 運用益非課税額　節税分 | 約3万円 |
| | 運用益 | 約14万円 |

節税効果は
40歳と60歳では
173万円の差

運用益では
40歳と60歳では
451万円の差

# iDeCoとつみたてNISA

## どうやって始めるの？

**税制面での優遇が魅力の2つの制度。どちらも、まずはやってみることが大事です。始め方を見ていきましょう。**

### iDeCoは「加入資格」があるかどうかを調べる

iDeCoで老後資金を準備する前に、まずはご自分がiDeCoの加入資格を満たしているかどうかを確認しましょう。**「国民年金または厚生年金の被保険者で保険料を支払っている60歳未満の人」**です。すでに説明しましたが、**2022年5月からは65歳まで加入できる**ようになります。

注意したいのは、国民年金保険料の未払いがあったり、全額もしくは一部を含めて支払いを免除されている人は、iDeCoに加入できないこと。国民年金被保険者期間が40年に達している人も加入できません。なお、会社員（第2号被保険者）の場合には、65歳まで加入できます。

22年9月までは、勤務先の「企業型DC」に加入している場合、事業主が規約でiDeCoとの併用を認めている場合のみ加入できます。10月からは規約の変更なしで加入できるようになります。

iDeCoを始めるには、**専用の口座を開設**する必要があります。利用する金融機関（運営管理機関）を通じて加入申し込みをするため、はじめに金融機関を選びます。なお、金融機関はひとつしか選べません。

選択の際は、運用商品のラインナップを確認し、**低コストで長期運用に向いた投資信託が揃っているかどうかをチェック**しましょう。運用実績なども確認します。金融機関に毎月支払う**「運営管理手数料」**やサービスなども比較しておきたいですね。

ほとんどの金融機関でWebからiDeCoの申し込みをすることができます。申し込みをすると72ページで説明したiDeCoの

## iDeCoで運用できる商品

### 投資信託

| | 国内 | 外国 |
|---|---|---|
| 株式 | 国内株式型 | 外国株式型 |
| 債券 | 国内債券型 | 外国債券型 |

REIT（不動産投信）など

バランス型　など

### 元本確保型商品

預貯金など

## 運営管理機関選びのポイント

❶ 口座管理手数料　❷ 運用商品のラインナップ　❸ サービス体制

## 手数料一覧

| | | 内容 | 支払先 | 費用 |
|---|---|---|---|---|
| 加入時（初期費用） | | 加入時の手数料 | 国民年金基金連合会 | 2,829円（共通） |
| | | | 運営管理機関 | 運営管理機関により異なる |
| 加入後 | 運営管理手数料 | 加入者の口座管理・情報提供等の手数料 | 国民年金基金連合会 | 年額1,260円（共通、掛金を拠出する人） |
| | | | 事務委託先金融機関 | 年額792円（ほぼ共通） |
| | | | 運営管理機関 | 運営管理機関により異なる |
| | 信託報酬 | 運用商品の運用・管理の手数料 | 商品提供機関 | 運用商品により異なる |
| | 給付時の手数料 | 年金および一時金の給付に係る手数料 | 運営管理機関 | 運営管理機関により異なる（ほぼ共通） |
| 移換時 | | 転職先や他の金融機関への資産移換に係る手数料 | 運営管理機関 | 運営管理機関により異なる |

申込用紙が届きます。必要事項を記入し、書類を添えて投函しましょう。書類提出から口座開設まで、1〜2か月程度かかることも覚えておきましょう。

## つみたてNISAは一人1口座のみ

つみたてNISAを始めるには、金融機関でつみたてNISA専用口座を開設する必要があります。それぞれの金融機関の条件などを比較して、自分にとって使いやすいところを選びましょう。金融機関を選ぶポイントとしては、**つみたてNISA対象商品のラインナップに注目**しましょう。

これまで取引をしたことのない金融機関の場合には、証券会社なら総合口座、銀行ならば投資信託口座も同時に開設します。総合口座や投資信託口座を持っている金融機関ならば、つみたてNISAの口座開設手続きだけを行います。後者の場合は、金融機関から**「つみたてNISA口座開設申込書」**を取り寄せます。その書類に必要事項を記入し、本人確認書類（運転免許証やマイナンバーカード、もしくは通知カードのコピー、住民票の写しなど）を添付して金融機関に提出します。

金融機関での書類確認が終わると、金融機関が税務署につみたてNISA口座開設の申請を行います。税務署による審査が完了すると、**金融機関から「つみたてNISA口座開設完了」の通知**が届き、取引が可能になります。

税務署での確認には1〜2週間程度かかるため、申し込みが遅れると、その分、取引のチャンスを失うことになってしまいます。書類を提出する前に、**提出書類に漏れがないか、必要事項の記入ミスはないかをしっかり確認**しましょう。

つみたてNISA口座は、**一人につき1口座**しか開設できません。また、**つみたてNISAと一般NISAは、どちらか一方しか利用できません。**ただし、**1年単位で金融機関を変更**することや、つみたてNISAから一般NISAへの変更も手続き次第で可能です。同様に、一般NISAからつみたてNISAへの変更も可能となっています。

金融機関は
1年単位で変更
できます！

## つみたてNISAの概要

| | |
|---|---|
| 加入資格 | 国内に居住する20歳以上の人　一人1口座のみ |
| 対象商品 | 要件を満たした株式投資信託、ETF |
| 非課税対象 | 普通分配金、配当、譲渡益 |
| 新規資産で投資できる期間 | 20年間(2042年まで) |
| 非課税期間 | 最長20年 |
| 非課税投資額 | 毎年40万円まで。積立に限定 |
| 収益分配金等の再投資 | 年間拠出額に算入 |
| 累積投資残高の上限 | あり |
| 途中売却 | できる |

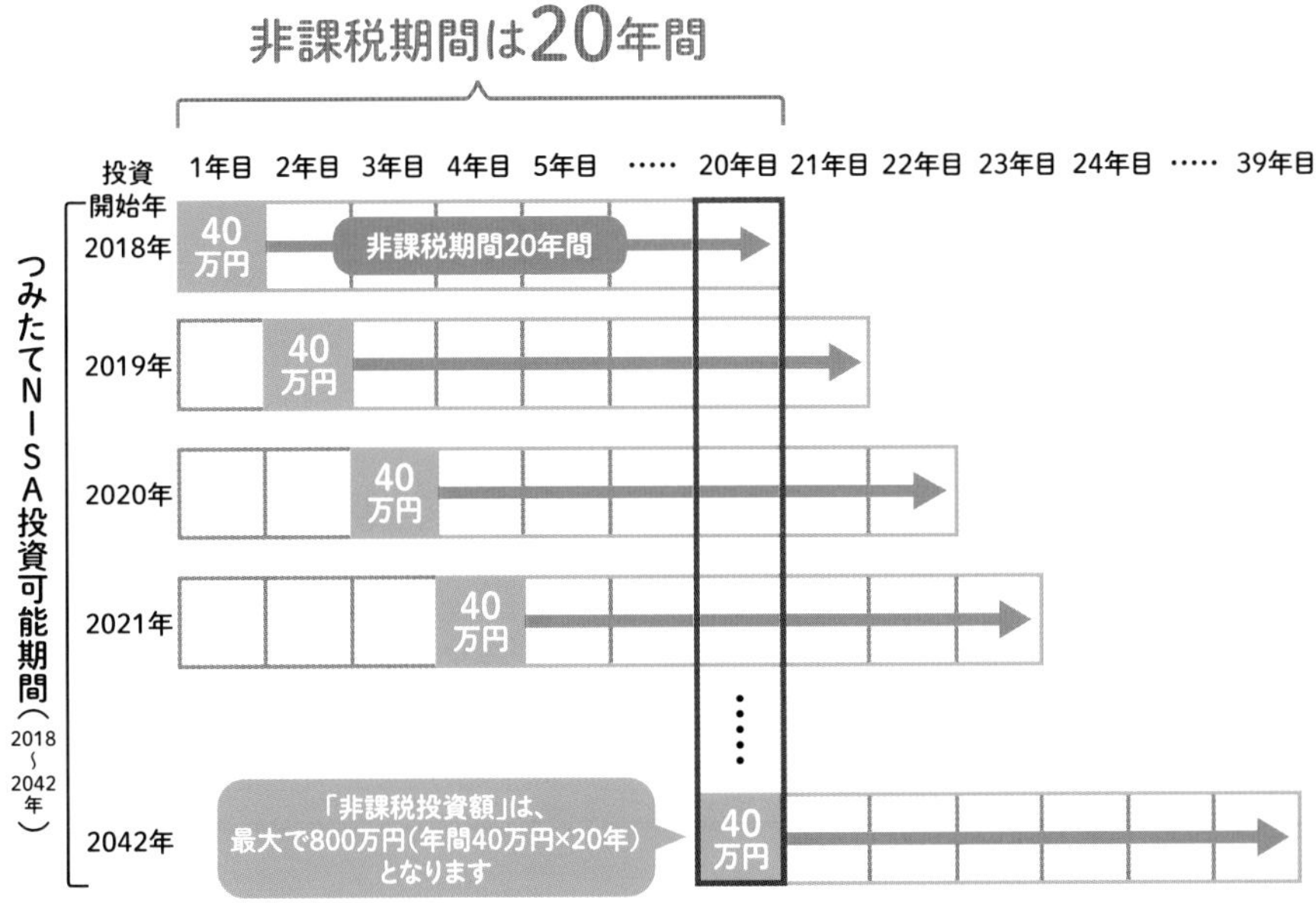

# インターネットで専用口座も

簡単開設

**投資初心者にとっては金融機関に専用口座を開設と言われただけで構えてしまうかもしれません。でも、ネットなら自分のペースで簡単にできるのです。**

## iDeCoを始めるには iDeCo口座を開設する

iDeCoを始めるには、専用の口座を開設することが必要です。ここでは、金融機関に投資をするための口座を持っていない人を想定して、楽天証券を例に口座開設の手順をお伝えします。楽天証券の場合、証券総合口座の画面からiDeCoの資産管理もできて便利です。

楽天証券のWebサイトにアクセスし、証券総合口座を開設しましょう(左ページ上図参照)。次に、トップページで「iDeCo」を選択し、iDeCoの口座開設ページに移動します。このページでは、iDeCoの制度の解説や、加入までの手順などを紹介しているので、目を通しておきましょう。

同じページで「お申し込みはこちら」のボタンを押し、次の画面で自分の職業を選択します。会社員の場合、氏名、住所などの情報を入力して資料請求が完了すると、5〜7日でお申し込みキットがご自宅に届きます。キット同封の書類を記入後に返送して、手続きは終了です。

ただし、**iDeCo口座を開設するには、国民年金基金連合会による審査が必要なため、申し込みから口座開設完了まで1〜2か月**かかります。開設完了通知が届いたら、iDeCoでのつみたてをスタートさせましょう。

楽天証券では、自営業者や学生など国民年金の第1号被保険者と、専業主婦（夫）など第3号被保険者はWebで、会社員や公務員など第2号被保険者は書面で申し込みをします。

## インターネット証券の口座開設手順

### ① 口座開設申し込み

- 証券会社のWebサイトから口座開設画面にアクセス

### ② 申し込みフォームを入力

- 申込みフォームに氏名や住所などの個人情報、入出金先の金融機関などを記入

### ③ 証明書をアップロード

- ネット証券では書類の送付が必要ないところも。証明書類をアップロードすればOK

### ④ 口座開設通知が届く

- 口座開設通知のメールが届いたら、投資資金を入金して取引開始

## iDeCo口座の開き方（楽天証券の例）

■書面での申し込み

STEP 1 ・加入者情報を入力して資料請求
自営業や主婦の方はWeb申込も可能

STEP 2 ・事業主証明書の記載をお勤め先に依頼
お勤め先の企業年金加入状況によって掛金上限が変わる

STEP 3 ・必要書面を記入して返送
申込キットの返送書類リストで必要書類を確認

STEP 4 ・手続き完了
国民年金基金による審査のため、手続き完了まで1～2か月かかる

楽天証券の場合は
・自営業者や専業主婦(被保険者1号、3号):Webで申し込み
・会社員や公務員(被保険者2号):申込書で申し込みとなっています

## つみたてNISA口座を開設しよう

つみたてNISAを始める場合も、iDeCoと同様、専用の口座が必要です。ただし、NISA口座は証券総合口座と一緒に開設することができます。

申し込みは、スマートフォン、パソコン、郵送でできますが、**スマホかパソコン**が簡単です。マイナンバーカードや運転免許証などの本人確認書類を用意し、フォーマットに従って氏名や住所などを入力。本人確認用の写真もスマホから送信するだけで完結します。

証券総合口座を開設するときには、「特定口座」か「一般口座」を選びます。「特定口座（源泉徴収あり）」を選ぶと、税金の計算や徴収を証券会社がやってくれるので、**自分で確定申告をする必要がありません。**

証券取引口座の開設を手順に従って進めていくと、「（一般）NISA」か「つみたてNISA」を選択する画面が出てくるので、「つみたてNISA」口座を選択しましょう。NISA口座開設の手続きは、これで完了します。

NISA口座の開設にあたっては、金融機関での審査とは別に**税務署での審査**も行われ、正式な口座開設の可否は追って通知されます。申し込みをした会社（ここでは楽天証券）以外の会社にもNISA口座を持っていると開設不可となります。「口座を開設したけれど、使っていなかった」など、他社にNISA口座を持っている場合には、廃止の手続きをしたうえで、口座開設の手続きを始めましょう。

つみたてNISAの口座が開設できたら、投資信託の積立を設定します。積立の設定は、

**❶商品を選ぶ**
**❷引き落とし口座の設定**
**❸引き落とし日を設定**

という手順で行います（左図参照）。

ちなみに、楽天証券では、楽天の会員になっていると、口座開設の際に個人情報の入力を短縮できます。また、投資信託の購入（積立）代金を楽天クレジットカードで決済することができ、楽天ポイントも付与されます。保有する楽天ポイントを利用して投資信託を積み立てる「ポイント投資」もできます。

**各金融機関とも、さまざまなサービスを提供**しているので、自分に適したところを選びましょう。

## NISA口座の開設方法（楽天証券の例）

### ■総合取引口座を持っていなくて、スマホで本人確認をする場合

口座開設の申し込み → スマホで本人確認 → 個人情報を入力 → ログインIDの受け取り → NISA口座での取引開始

**口座開設の申し込み**
- 「口座開設」ボタンから申し込み
- メールアドレスを登録するとURLが届くのでクリックして進む

**スマホで本人確認**
- マイナンバーカードや運転免許証などで本人確認を実施

**個人情報を入力**
- 個人情報を入力し、「NISA口座」を申し込む

**ログインIDの受け取り**
- 楽天証券での審査完了後、メールでログインIDが届く

**NISA口座での取引開始**
- ログイン後の画面で初期設定とマイナンバー登録が完了したら、取引がスタート

### ■投資信託の積み立ての設定をする

❶積み立てる投資信託を選ぶ　❷引き落とし口座を設定する　❸引き落とし日を設定する

| | |
|---|---|
| ファンド名（委託会社） | 楽天・全世界株式インデックス・ファンド（楽天投信投資顧問） |
| 積立金額 | 30,000円<br>100円以上1円単位 |

複数の商品も選択できる

| | |
|---|---|
| 分配金コース | **再投資型**（選択）<br>受取型 |

分配金は再投資型を選びたい

| | | | | |
|---|---|---|---|---|
| ボーナス設定 | **する**（選択）<br>しない | 設定金額<br>20,000円 | 指定月1<br>6月 | 指定月2<br>12月 |

ボーナス設定で年間40万円の投資枠にもできる

| 積立金額（定額分） | | ボーナス | | |
|---|---|---|---|---|
| 360,000円<br>30,000円×12か月 | ＋ | 40,000円 | ＝ | この積立設定の年間積立設定額<br>合計 400,000円 |

# 「終活」で引退後の生活を具体的にイメージして老後資金を確実な方法で増やしていきましょう

「終活」という言葉が定着しています。これは、「人生の終わりのための活動」の略で、人生の総括を行い、人生の最期を迎えるにあたっていろいろな準備を行うことを意味する言葉となっています。

なんとなく、寂しくなる響きですが、この活動はちょっと見方を変えれば、まったく違ってきます。終わりをしっかり決めることによって、それまで残りの日々を明るく楽しく、心おきなく過ごせるということになりませんか?

働いている現役世代から終活をイメージする場合、「終わりのステージ」は65歳から70歳くらいでしょう。まだ元気ですよね。そうなると、70代の前半までにできるだけアクティブにやりたかったことをやってしまい、あとは身近な場所で楽しめることを探して過ごしていく、などが考えられますね。

この考え方だと70代前半は旅行など結構大きなお金が必要となります。せっかくだから3回に一度は贅沢したくもなるでしょう。その分、80歳を過ぎたら移動は近場で済むことが多くなるので、あまりお金を使わない楽しみになるかもしれません。前向きな終活を考えると、残ったお金、これから使うお金の割合を効率的に考えることも可能になるのです。

終わり方を想像することで、それまでをイキイキと過ごせることにつながります。もちろん、お金の使い方も変わっていきます。

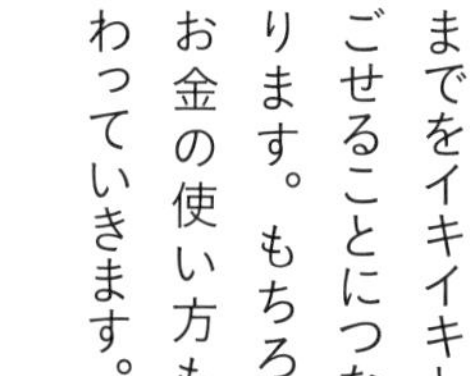

Chapter
5

# 老後不安の解消に「長期・積立・国際分散」投資が有効なわけ

Chapter2～4では、井戸美枝さんにiDeCoとつみたてNISAについてわかりやすく説明していただきました。

ここからは、「何を、どうすればいいの？」という疑問を解消するための、具体的な考え方と方法を紹介していきます。なかには、「投資を始めるなら勉強が必要でしょう？　数字とか苦手だけど、大丈夫かな……」と心配している人がいるかもしれませんね。でも、大丈夫です。

まずは、始めることが大切です。勉強は、それからやっても遅くはありません。むしろ、始めてからのほうが、「なるほど、そういうことなのか」と理解を深められるかもしれませんよ。

積立投資を
「始めること」
が大切です!

# 「勉強しないと投資できない」は間違い

**「勉強しないと投資できない」と思っていませんか？**
**そんなことはありません。**
**「勉強しないと……」は、単なる言い訳です。**

## 資産運用は本来難しいものではない

本書をお読みの方は、投資や資産運用に興味をお持ちだと思います。でも、なにかしらの理由で投資をしていない人もいるでしょう。

金融庁の調査によると、「余裕資金が生まれたこと」や「老後の生活資金に関して不安を持ったこと」がきっかけで資産運用を始める人が多いようです。

この調査では、投資経験がない人にその理由を聞いていて、**「余裕資金がないから」「資産運用に関する知識がないから」**が多くなっています。

投資をしない理由に「勉強しないとできない」や「難しそう」を挙げる人は少なくありません。書店にも〝投資の勉強〟の本がたくさん並んでいます。だから、**「勉強しないとできない」と思い込んでしまう**のでしょう。

**資産運用は本来、それほど難しいものではありません。**もちろん、運用のプロになりたいならば、勉強する必要があります。ですが、あなたはプロになりたいわけではないでしょう。そこまで慎重に構える必要はありません。

それに、将来のための真っ当な資産運用は、**誰でも簡単にできる**ものです。勉強が必要だとしたら、ここまでお話ししてきた「なぜ投資が必要なのか」や、iDeCoやつみたてNISAの制度がどのようなものかについてです。

たくさんある金融商品のなかから、何を選べばいいのかについても、このあとでお話しします。それを実践するだけですから、難しくありません。

〝畳の上の水練〟では、泳ぎはうまくなりません。**投資も一歩踏み出して始めることが大切です。**

## 資産運用を始めたきっかけ

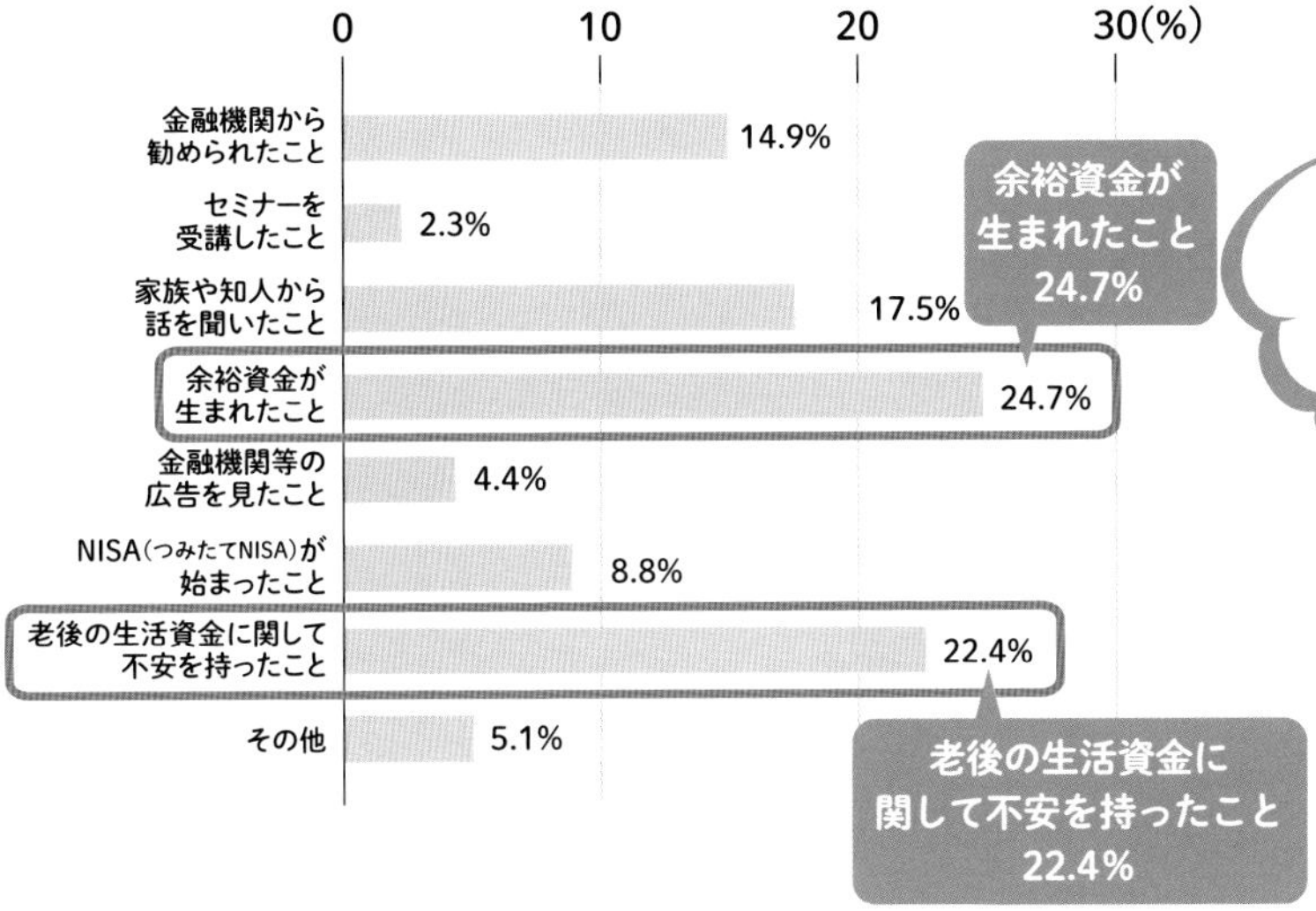

出典：金融庁「リスク性金融商品販売に係る顧客意識調査結果」令和3年6月30日をもとに作成

## これまでリスク性金融商品を購入しなかった理由

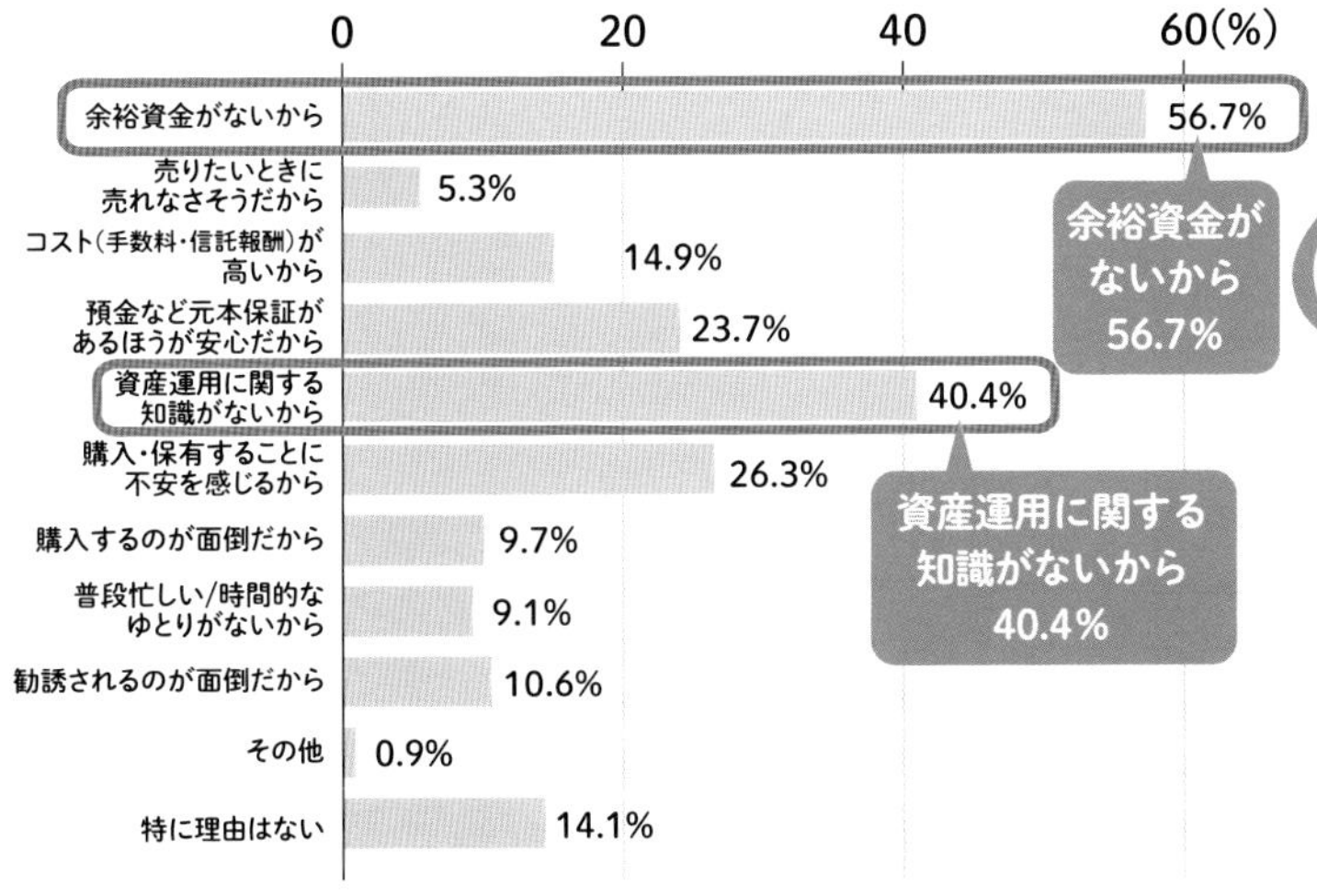

出典：金融庁「リスク性金融商品販売に係る顧客意識調査結果」令和3年6月30日をもとに作成

# 長期投資なら、あなたのお金が社会の役に立ち、大きく育って戻ってくる

**長期投資をすることは、あなたのお金がより良い世の中を実現する支えになり、社会全体もあなたも幸せになることです。**

## 真っ当な資産運用でみんなが幸せになる

投資を「怖い」と考える人の多くは、**「投資」と「投機」を混同**しています。

投機は短期的な値動きを追って、売ったり買ったりすることです。

自分が儲けるためには、誰かに損をさせなければならない戦いであり、投資とはまったくの別ものです。

一方、本物の「投資」は、1章でお伝えした、投資行動3原則である「長期・積立・国際分散」投資を実践すればいいことで、それは誰にでもできることなのです。

あなたの預貯金口座で眠っているお金に、**世の中へ働きに出てもらい、経済を成長させ、社会を豊かにし、より良い世の中を実現する支えになってもらう**のです。その結果、お金も成長してかえってきます。

投資には、**時間がとても重要な**意味を持ちます。お金に働きに出てもらうといっても、その期間が数日や数週間程度では、経済を成長させ、社会を豊かにすることはできません。

例えば、働きに出たあなたのお金は、どこかの会社の新製品の開発費の一部になるかもしれません。開発には長い時間がかかりますから、短期間で資金を引き揚げられたら、納得のいく製品開発ができないでしょう。

でも、開発が成功し、多くの消費者に受け入れられたら、その会社には売り上げになり、その一部が投資家の利益につながります。

つまり、**あなたのお金が世の中の役に立ち、投資家であるあなたも、製品を開発した会社も、消費者も豊かで幸せになる**。それが「長期投資」なのです。

## 投資することで、みんなが笑顔に！

**お金が社会の役に立って戻ってくるには時間が必要**

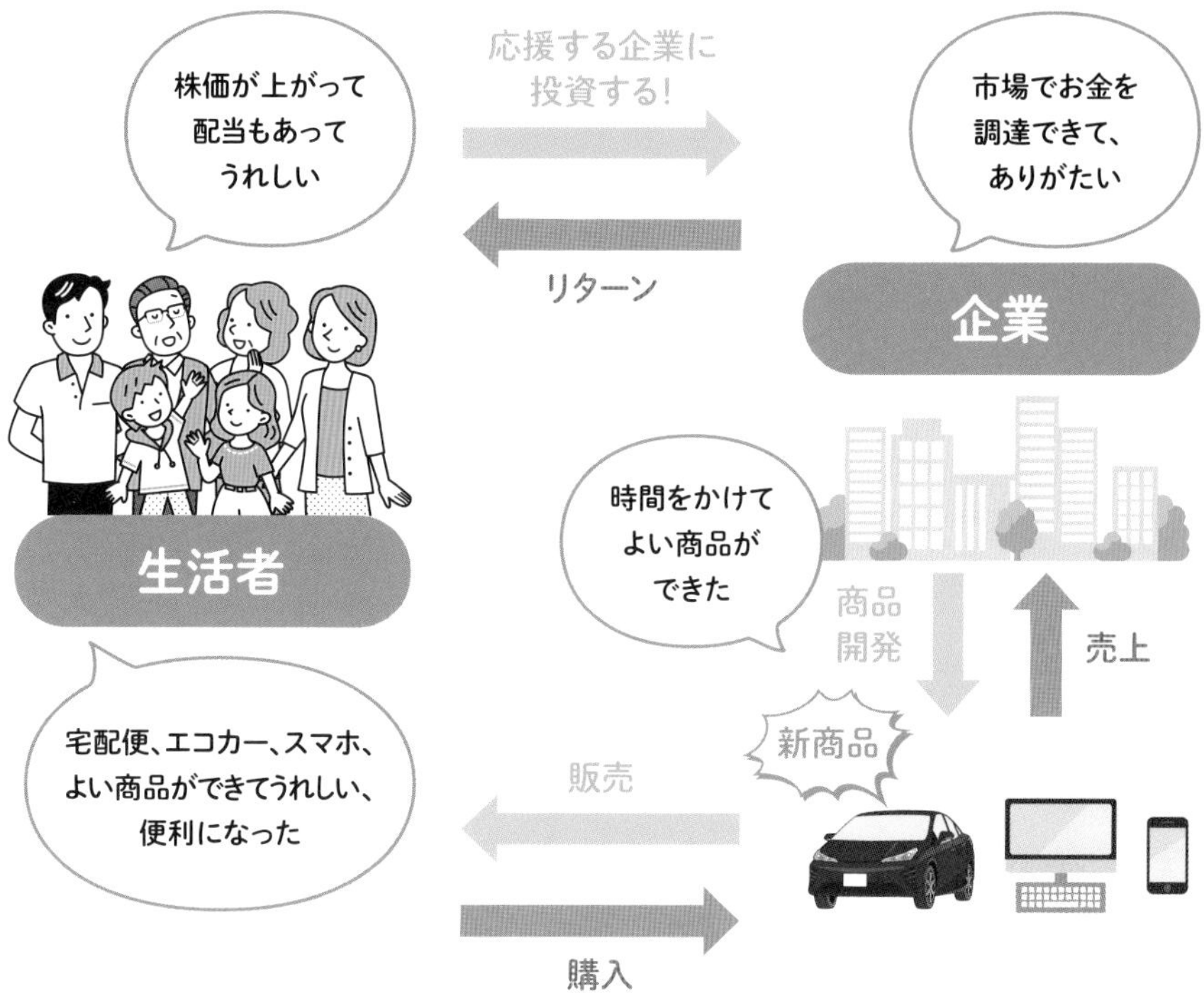

# 積立投資は資産形成に適した制度

**積立投資は、なぜ、将来のための資産形成に適しているのでしょうか。その理由をわかりやすくご説明します。**

## 投資信託の積立投資なら価格変動も気にならない

「つみたてNISA」は、投資信託の積立投資で将来のための資産形成を促す制度です。なぜ、数多くある投資のなかで「積立」だけに限定されているのかというと、**積立投資は、知識や資金がなくても誰にでも実践しやすく、しかも資産形成に適した方法**だからです。

投資信託の積立ならば、月々数千円単位、証券会社などによっては**数百円単位で始めることができます**。それだけではありません。

積立投資のメリットとして「買うタイミングを気にする必要がない」ことがあります。投資信託の1万口あたりの値段である基準価額は、日々変動しています。明日上がるのか下がるのかを正確に見極めるのは、運用のプロでも簡単ではありません。

ですが、積立投資の仕組みを利用すれば自分が意識しなくても自動的に、毎月決まった金額を定期的に買い続けられるので、**基準価額の上げ下げに一喜一憂する必要がなくなります**。また価格が高いときには少なく、安いときには多く購入することができます。この方法であれば、一番高いときにたくさん買ってしまう失敗も、一番安いときに買いそびれる心配もありません。先述のとおり、まとまったお金がなくても、誰でも簡単に、無理のない金額で始めることができます。

なかには、「基準価額が上がったから、今のうちに売って利益を確定しよう」と考える人がいるかもしれません。ですが、それでは短期的な利益は得られても、資産を大きく育てることはできません。**積立投資でゆっくり長期投資**を続けましょう。

## 定額の積立投資なら、安いときには多く購入できる

以下のような値動きの場合に、投資信託を最初に4万円分買ったときと、4か月間、毎月1万円ずつ定額で買ったときを比べると……

| | 投資信託 1万口の価格推移 | 最初に4万円分 購入した場合 | | 毎月1万円ずつ 購入した場合 積立投資 | |
|---|---|---|---|---|---|
| 1か月目 | 1万円 | 4万円 | 4万口 | 1万円 | 1万口 |
| 2か月目 | 2万円 | 0円 | 0口 | 1万円 | 5千口 |
| 3か月目 | 5千円 | 0円 | 0口 | 1万円 | 2万口 |
| 4か月目 | 1万円 | 0円 | 0口 | 1万円 | 1万口 |
| | | 購入総額 4万円<br>購入口数 計4万口<br>平均購入単価（1万口あたり）1万円 | | 購入総額 4万円<br>購入口数 計4.5万口<br>平均購入単価（1万口あたり）9千円 | |

出典：金融庁「つみたてNISA早わかりガイドブック」を加工して作成

価格が安いときは多く購入することになります

価格が高いときは少なく購入することになります

この例では、毎月1万円ずつ購入していた場合のほうが、平均的な購入単価を安くすることができました。

※投資信託の取引単位は「口数」で示されます。変動する投資信託の価格は「基準価額」と呼ばれ、多くは「1万口あたり」で示されます。

## 投資経験者は「積立投資の効果」を理解している

「積立投資の効果として正しいものはどれか」に対する回答

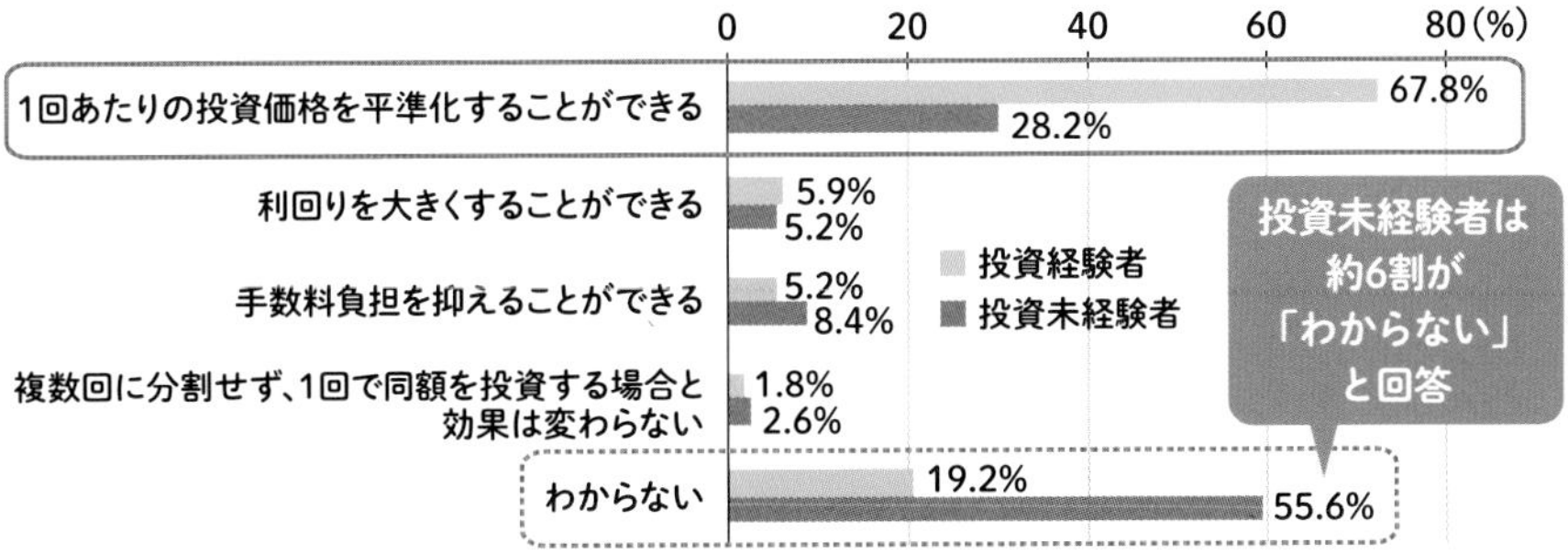


出典：金融庁「リスク性金融商品販売に係る顧客意識調査結果」令和3年6月30日をもとに作成

# これからの資産運用は 世界に目を向けよう

**世界には、経済成長をする余地のある国がたくさんあります。だからこそ、資産運用では世界に目を向けることが大切です。**

## 国際分散投資で世界経済の成長に乗る

これからの資産運用は、**世界に目を向ける**べきです。世界には、今後大きく経済成長する余地のある国がたくさんあります。

例えば、中国やインドなど、アジアの国々にも成長を続けている国があります。**南米諸国のほか、アフリカ大陸の国々も今後の経済成長が期待されています。**

世界経済全体の成長が完全に頭打ちになってしまうときがくるとしても、まだまだ先のことだといえるでしょう。

加えて、**人口が増え続ける限り、経済も成長を続けます。**なぜなら人間には、いい生活を送りたい、いい洋服を着たい、もっとおいしいものを食べたいという欲望があるからです。

人口増加の面からも、世界の経済成長はそう簡単に止まることは考えにくいといえます。この先も経済成長が続くとすれば、その成長の波にお金を乗せれば、資産も増えるはずです。

その際、一つの国だけや、株式だけ、債券だけなど一つの資産（商品）に投資するよりも、**複数の国や複数の資産を組み合わせる「分散投資」のほうが安心**です。全体としての価格変動が小さくなり、リスクを軽減することが期待できるからです。

また、日本に住んでいるからとはいえ、日本だけにこだわらず、投資する国や地域を分散して世界中に投資すれば、一つの地域のマーケットの変動に翻弄される心配もありません。

世界全体の長期的な安定した経済成長の恩恵に与ることが期待できるでしょう。これを**「国際分散投資」**と呼びます。

## 長期・積立投資の結果

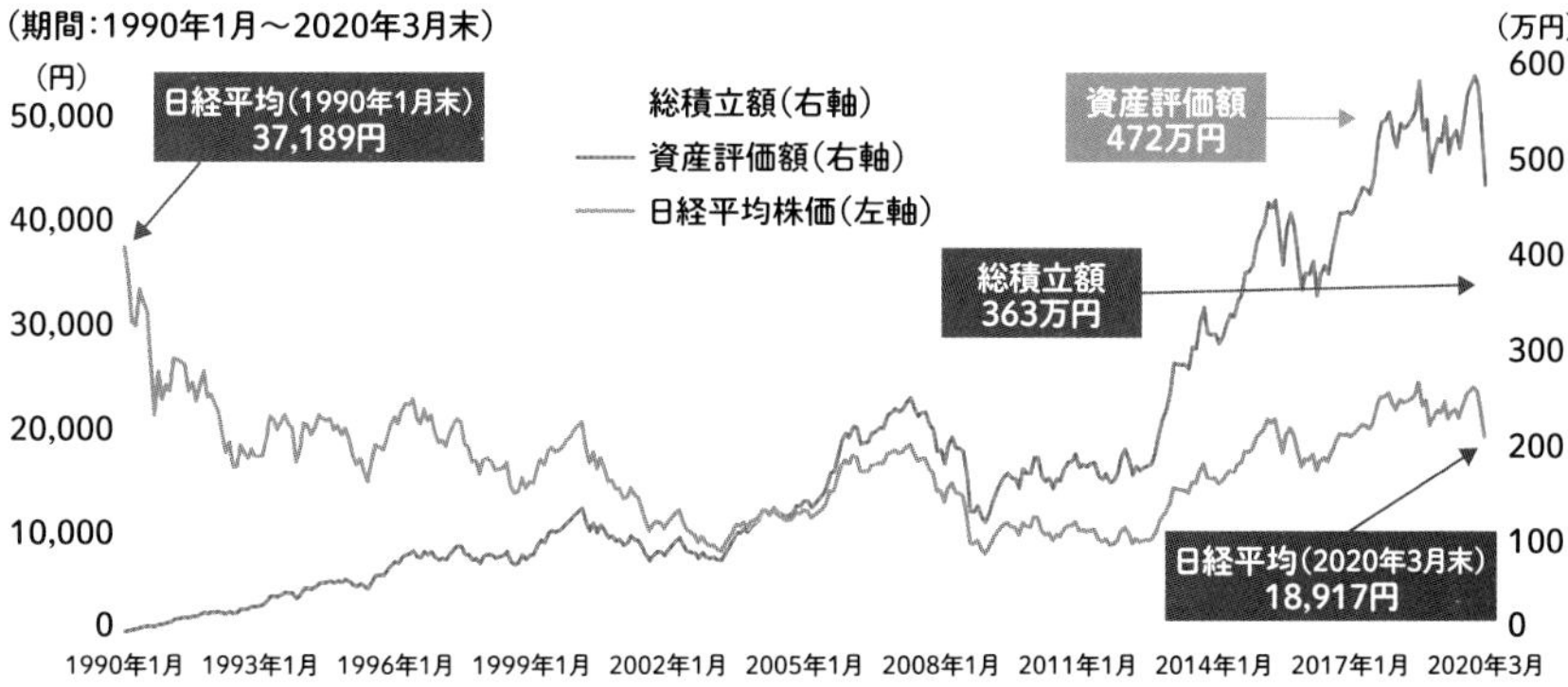


(資料)Bloombergのデータをもとに金融庁作成
・上記は毎月末1万円を積立投資したと仮定して試算。なお、税金・手数料は考慮していない。
出典:金融庁「長期・積立・分散投資とNISA制度」

## 長期・積立・国際分散を守れば失敗しにくい

### 資産・地域を分散して積立投資を行った場合の運用成果の実績【保有期間別(5年、20年)】

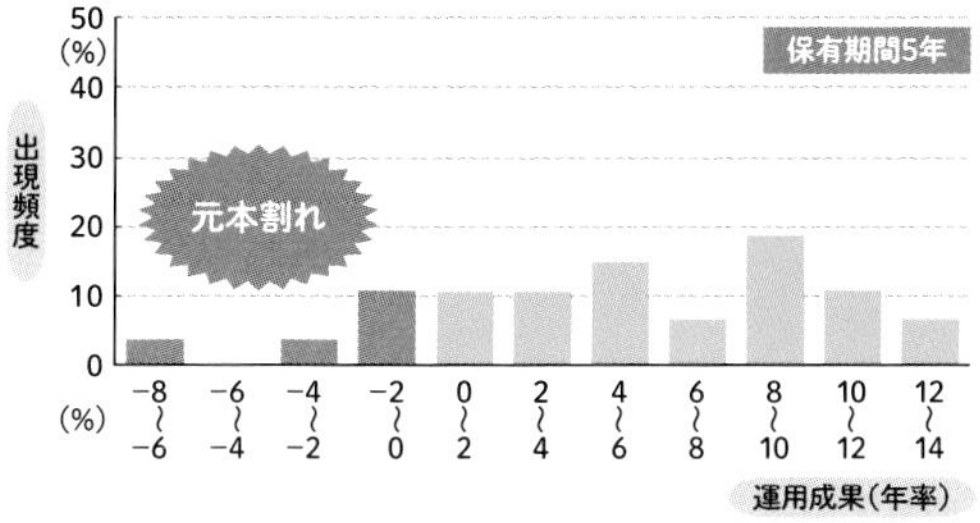

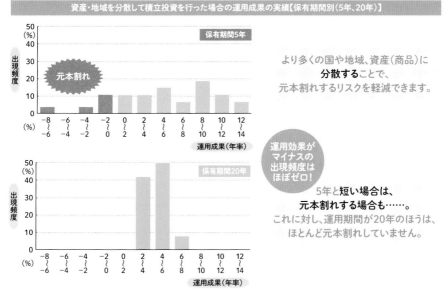

より多くの国や地域、資産(商品)に**分散する**ことで、元本割れするリスクを軽減できます。

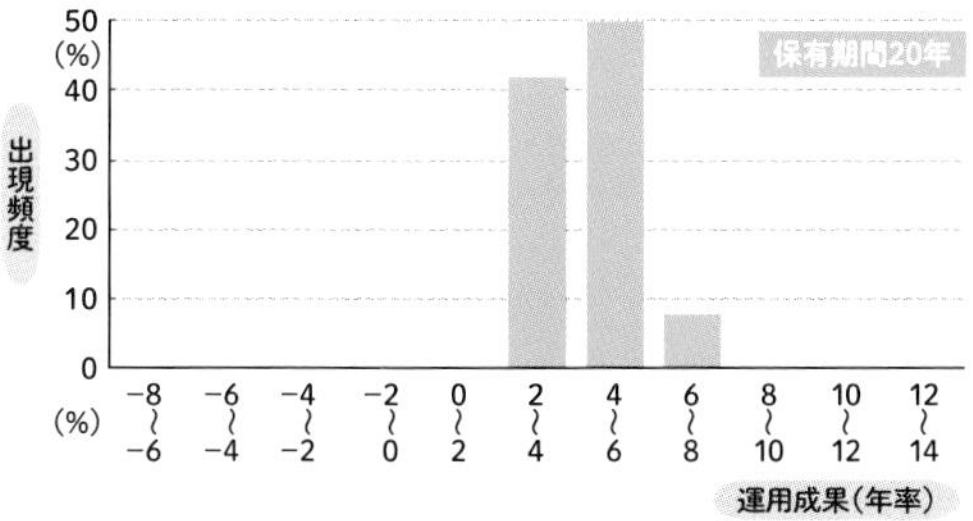


運用効果がマイナスの出現頻度はほぼゼロ!

5年と**短い場合は、元本割れする場合も……。**
これに対し、運用期間が20年のほうは、ほとんど元本割れしていません。

出典:金融庁「つみたてNISA早わかりガイドブック」を加工して作成
△1985年から2020年の各年に、毎月同額ずつ国内外の株式・債券の買付を行ったもの。各年の買付後、保有期間が経過した時点での時価をもとに運用結果及び年率を計算。これは過去の実績をもとにした算出結果であり、将来の投資成果を予測・保証するものではない。運用管理費は含まない。
日本株式:東証株価指数(配当込み)、先進国株式:MSCIコクサイ・インデックス(円換算ベース)
日本債券:NOMURA−BPI総合、先進国債券:FTSE世界国債インデックス(除く日本、円ベース)

# ところで、投資信託ってなに？

**「長期・積立・国際分散」投資を実践するのに適した金融商品があります。それは投資信託。どのような商品なのかを解説します。**

## 投資のプロが運用してくれる商品

「長期・積立・国際分散」投資という3つの原則を守れば、誰でも簡単に、しかも**失敗する可能性が少ない資産運用**を始めることができます。この投資方法に適した金融商品が**投資信託**です。

　投資信託とは、大勢の人（投資家）から少しずつお金を集め、その資金をひとつにまとめて、「ファンドマネージャー」と呼ばれる投資のプロが、さまざまな資産に分散投資し、運用してくれる金融商品です。ファンドと呼ぶこともあります。

　投資信託は、**1000円程度**、金融機関によっては**100円**から購入できるので、あまりお金がない人でも手軽にできます。積立（投信積立）ならば、いったん手続きをすれば、銀行口座から**自動引き落としで積み立てできる**ので、手間ひまもかかりません。

　運用のプロが複数の国や地域、銘柄、資産に分散して投資してくれるので、投資家は**「どの銘柄を選べばいいか」などと悩む必要がありません。**

　1本の投資信託で、少額から手軽に国際分散投資をすることができるのです。ただし、株式など刻々と価格が変わる資産で運用するのですから、元本保証はありません。また、プロに運用をまかせるので、その分の費用もかかります。証券取引所に上場して取引される株式とは異なり、タイムリーな売買をすることもできません。

　その代わりに、はじめに「長期・積立・国際分散」投資に適した投資信託を選び、積立の設定をすれば、あとは**「ほったらかし」**にしておくだけで資産を増やすことが期待できるのです。

## 投資信託は、投資家のお金をまとめて運用の専門家が分散投資する金融商品

### 投資信託の仕組み

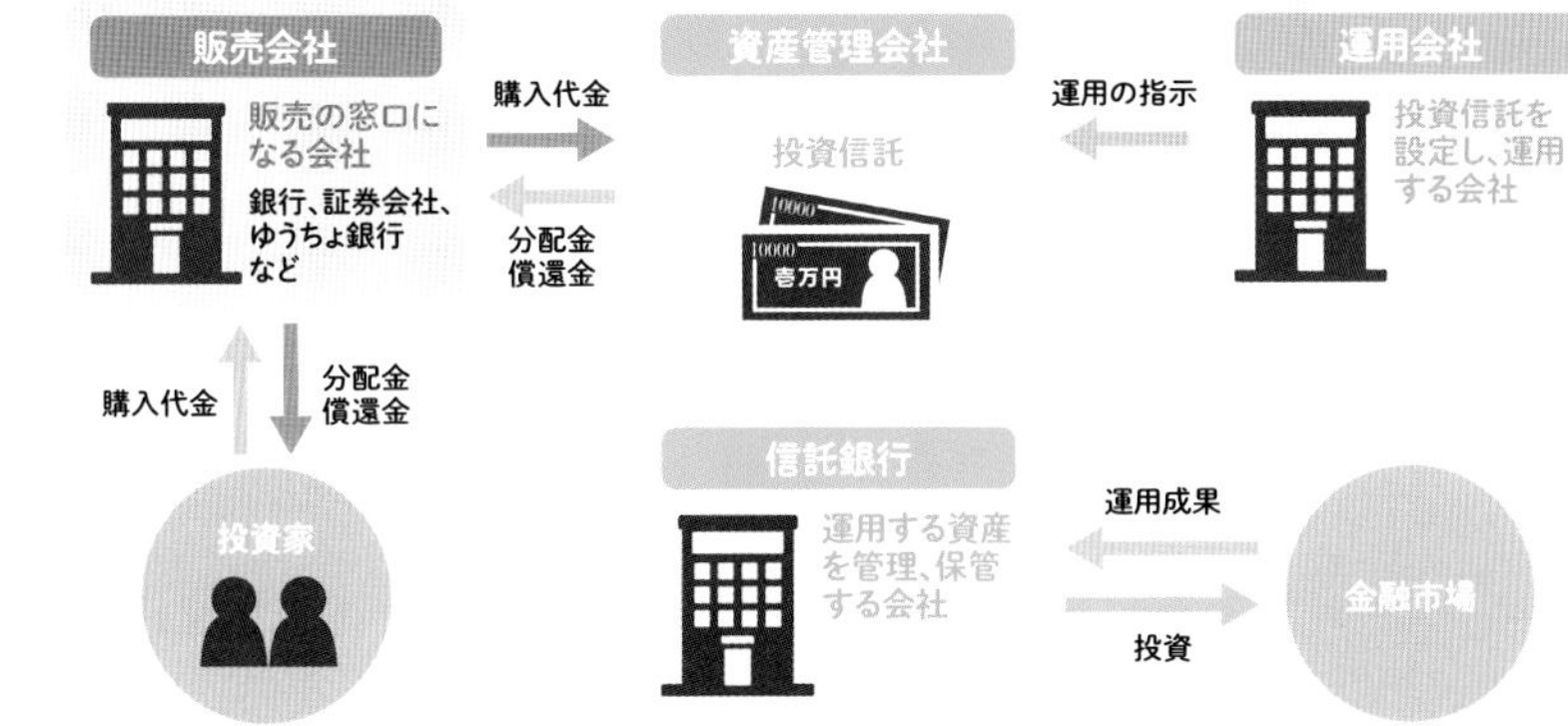


## 投資信託のメリットとデメリット

### 投資信託のメリット

- 少額のお金から投資ができる
- 1本で分散投資ができる
- 運用のプロ(ファンドマネージャー)が責任を持って運用してくれる
- 積立投資が簡単にできる

誰でも少額から簡単に、国際分散投資をすることができる

### 投資信託のデメリット

- 運用管理費などのコストがかかる
- 元本保証がない
- 機動的な売買ができない

プロに運用を任せる費用がかかる。証券取引所に上場する株式とは違い、タイムリーに売買することができない

# いまどきの投資信託は、投資家の強い味方

**投資信託にあまりいいイメージを持っていない人もいるでしょう。ですが、いまどきの投資信託は、投資家の強い味方です。**

## 長期投資を実現できる投資信託が増えた

この本をお読みの方のなかには、投資信託にあまりいいイメージを持っていない人がいるかもしれません。**「危ない」「損をしそう」「だまされそう」**といったネガティブなイメージを抱いている人も少なくありません。

**かつての日本には、ひどい投資信託がたくさんありました。**というのも、証券会社や銀行など投資信託を販売する金融機関が、投資信託を「手数料稼ぎの道具」であり、「自分たちが儲けるための道具」と考える傾向にあったため、新たに販売される投資信託は、**「ＩＴファンド」**など短期的な流行や特定の国に投資するものなど、時流に乗り話題性がある**「テーマ型」**と呼ばれる、売れそうな、そして手数料を稼げそうな商品が多くありました。

そのうえ、投資信託を販売する金融機関（販売会社）の営業員は、投資家が投資信託を購入する際にかかる購入時手数料を得るために、次々と新しい商品を勧めて買い替えを促すこともありました。

これでは投資家が将来のために長期で資産運用を続けていこうと思っても成功するはずなどありません。長期的な運用哲学を持った投資信託会社（運用会社）もほとんど存在していませんでした。そんななかで、**「本物の投資」を実現するべく、独立系の直販投信が誕生**します。投資信託の手数料もここ20年で徐々に下がってきています。

金融庁も、つみたてＮＩＳＡで購入できる投資信託の条件を厳しく課しており、その**条件をクリアした投資信託２００本だけが対象**になっています。（２０２１年10月１日現在）

## 設定後の経過年数別信託報酬平均

### この20年でインデックス投信の信託報酬は大きく下がった

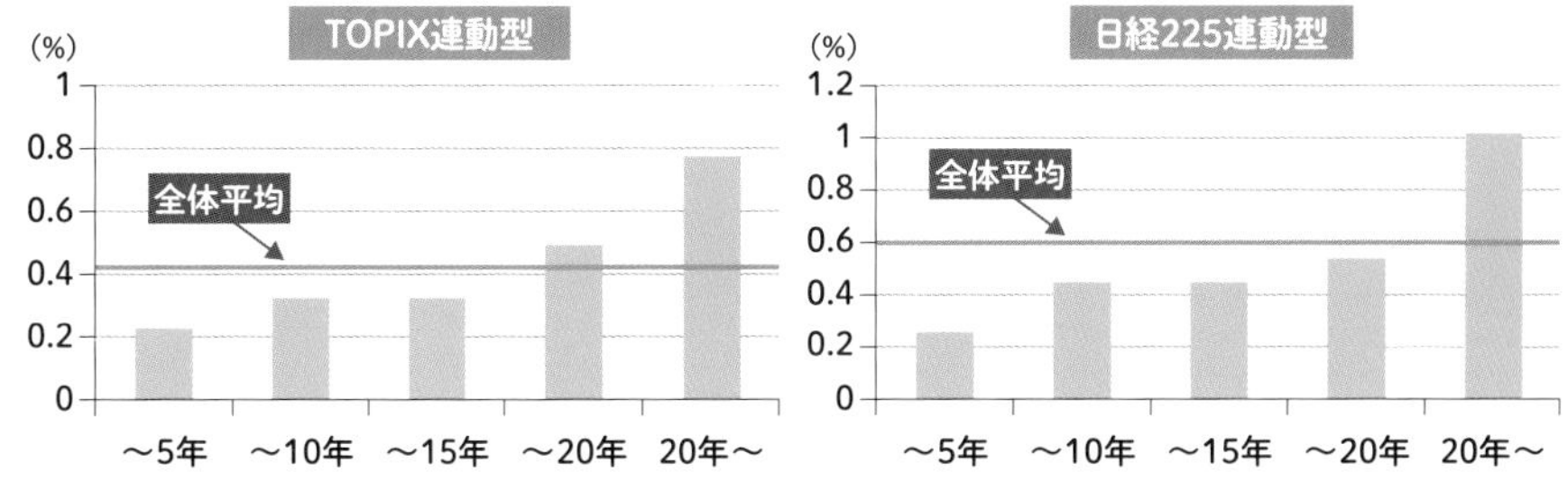


出典：金融庁「資産運用業高度化プログレスレポート2021」より

## 独立系資産運用会社の多くはアクティブ投信の運用成績平均を上回る成績をあげている

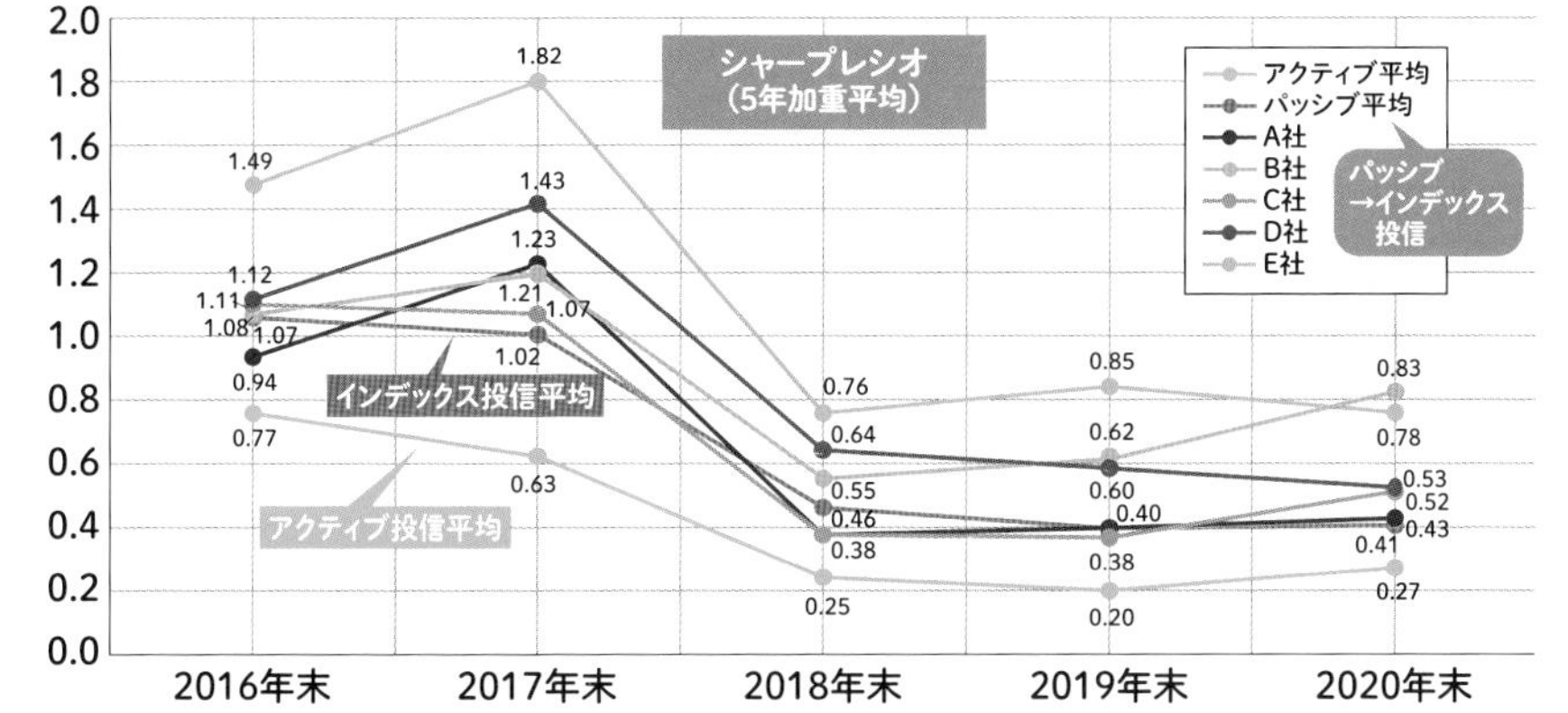


出典：金融庁「資産運用業高度化プログレスレポート2021」より

# アクティブ投信、インデックス投信ってなに？

**投資信託には、アクティブ投信とインデックス投信があります。それぞれ、どのようなものなのかをご説明しましょう。**

## アクティブ投信は投資のプロが運用

2021年10月1日時点では、つみたてNISAの対象商品は、インデックス投信が173本、アクティブ投信が20本、上場投資信託（ETF）が7本あります。

ここで、**インデックス投信とアクティブ投信**について解説しておきましょう。

インデックス投信（インデックスファンドと呼ぶこともある）は、**ベンチマーク（市場平均）の動きと連動するような運用を目指した投資信託**です。日本株を例にあげると、日本株の代表的なベンチマークである「日経平均株価（日経225）」や、「TOPIX（東証株価指数）」と基準価額が同じような値動きをするように運用されます。

そのため、**日本の景気がよくなってベンチマークが上がると、インデックス投信の基準価額も上がります**。反対に景気が悪化するとベンチマークが下がり、インデックス投信の基準価額も下がります。ベンチマークに連動するよう機械的に運用されるので、運用会社の手間もあまりかからず、手数料も高くはありません。ただし、リターンも市場平均に準じたものになります。

アクティブ投信は、**ベンチマークの動きを上回るような運用成果を目指した投資信託**です。投資のプロが独自の運用方針や運用手法、相場予測などに基づいて投資銘柄を決定し、運用します。

それぞれに良い面、悪い面があります。インデックス投信は、市場平均に負けない運用はできるものの、それを超えるリターンを得ることはできません。両方を組み合わせることで、いいとこ取りをした運用が期待できるのです。

# インデックス投信、アクティブ投信ってなに？

## インデックス投信

ベンチマーク（市場平均）
インデックス投信

〈ベンチマークの例〉
（日本株）日経平均株価指数
（米国株）S&P500指数、ダウ平均株価など

単純なインデックス投信はどれも指数に準じて同じ値動きをするので、基本的には運用コストができるだけ安いものを選びましょう

株価指数などの市場平均（ベンチマーク）に連動する投資成果を目指す投資信託

## アクティブ投信

ベンチマーク（市場平均）
アクティブ投信

〈ベンチマークの例〉
（日本株）日経平均株価指数
（米国株）S&P500指数、ダウ平均株価など

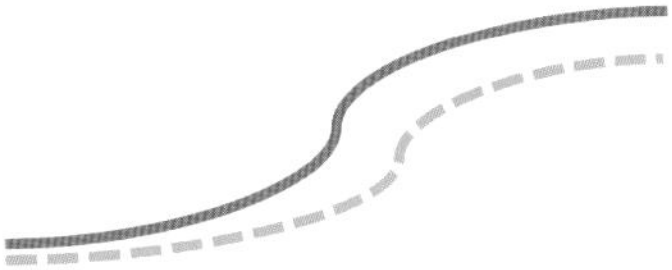

アクティブ投信はいずれも指数を上回るリターンを目指して専門性を競う資産運用の花形です。あまりコストにこだわらず、運用者の哲学・理念への共感を大切にして選んでください

運用の専門家（ファンドマネージャー）が、株価指数などの市場平均（ベンチマーク）を上回る投資成果を目指して運用する投資信託

# 顧客本位の業務運営をする会社とつき合おう

**資産運用を始めるときは、投資家の幸せにつながる、安定した資産形成を手助けしてくれる会社をパートナーに選びましょう。**

## 投資家を大事にする会社とつき合う

ここで少し難しいけれども、資産運用をするうえで大切なことをお話しします。

先ほど、かつての日本にはひどい投資信託がたくさんあったことを説明しました。そんな状態が続いていたなら、投資家はいつになっても資産を形成することができないでしょう。

そこで、金融庁では、家計の安定的な資産形成を実現するために、**「全ての金融事業者が顧客本位の業務運営を行うことが重要である」**という認識を示し、２０１７年３月に**「顧客本位の業務運営に関する原則」**を策定し、公表しました。

……少し難しい説明になってしまいましたね。

要するに、**資産運用に関わる金融事業者は、投資家の幸せにつながる将来のための安定した資産形成を手助けする仕事を誠実にしなさい**というお達しを出すとともに、それがどういうことかを具体的に示したのです。

同時に、金融事業者は「顧客本位の業務運営」ができているかどうか、**客観的に評価するための成果指標（ＫＰＩ）の公表**を促しました。

とはいえ、各金融事業者がそれぞれに独自のＫＰＩを作ったら、投資家は比較検討などできないでしょう。そこで、長期的にリスクや手数料などに見合ったリターンがどの程度出ているのかを「見える化」するために、**「共通ＫＰＩ」**を作り、比較できるようにしました。

つまり、その会社で金融商品を買った人が、ちゃんとリターンを得ているかどうかをわかるようにしたのです。左ページはセゾン投信の例です。

## 国民の安定的な資産形成のために金融事業者が取るべき行動が定められている

### 顧客本位の業務運営に関する原則

- 顧客本位の業務運営に関する方針の策定・公表等
- 顧客の最善の利益の追求
- 手数料等の明確化
- 重要な情報のわかりやすい提供
- 顧客にふさわしいサービスの提供
- 従業員に対する適切な動機づけの枠組み等

## 顧客本位の業務運営を客観的に評価できる成果指標（KPI）も公表されている

### リスクや手数料に見合ったリターンを見える化<br>比較可能な共通KPI

- 運用損益別顧客比率
- 投資信託預り残高上位20銘柄のコスト・リターン
- 投資信託預り残高上位20銘柄のリスク・リターン

## 金融庁が公表した比較可能な共通KPI

運用損益別で見た顧客の割合を示しています。

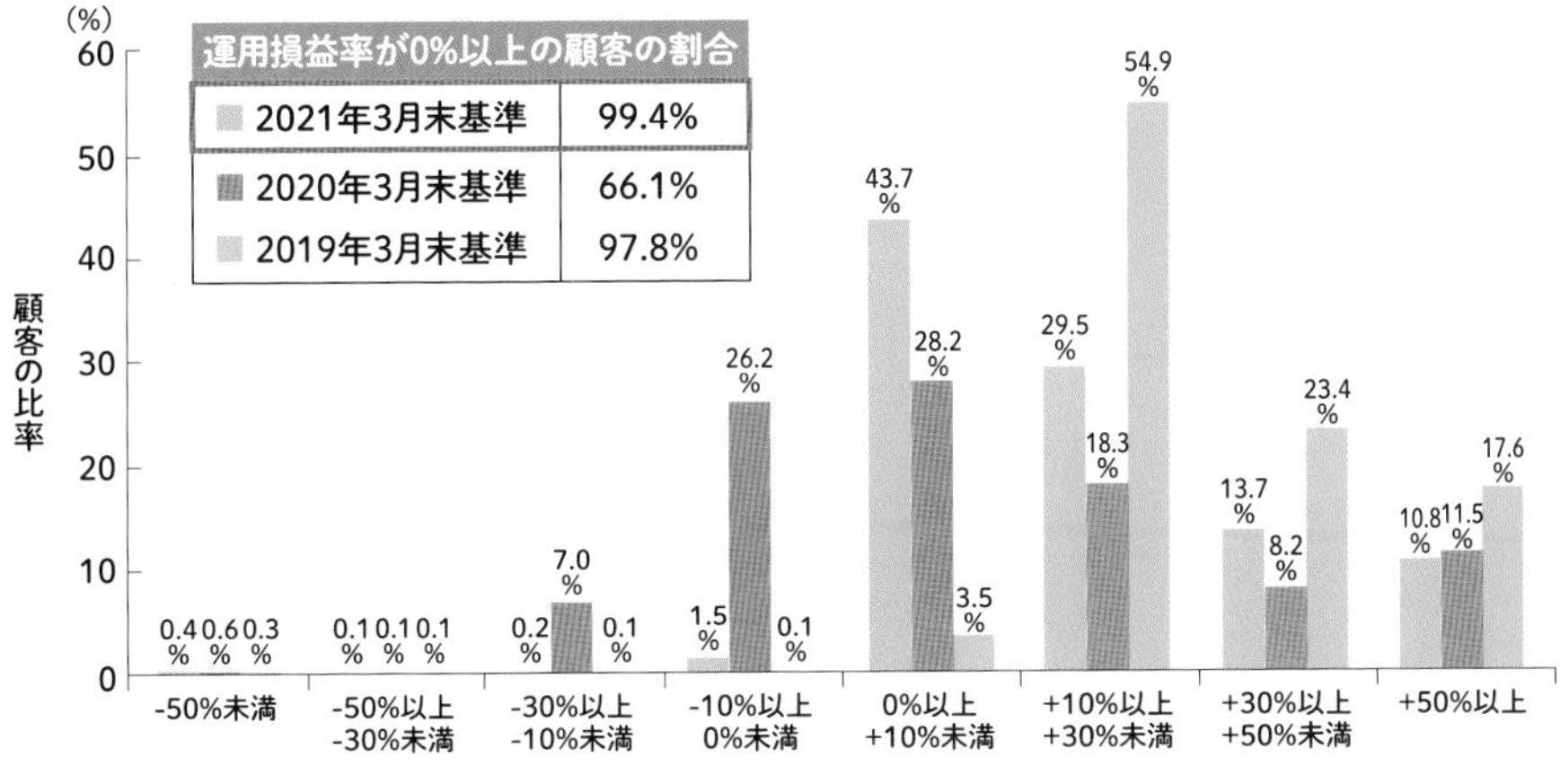


※累計買付金額、累計売付金額は2007年3月15日の設定日から2021年3月末までの通常の取引データをもとに集計（移管等を含まず）、相続等により購入データの存在しない顧客は集計対象外。
小数点第2位を四捨五入しているため、合計が100%にならない場合があります。

# 「結局、なにを積み立てればいいの？」に答えます

**ここまで読んで、「それで、なにを積み立てればいいの？」と思った方もいるでしょう。私からの提案をお話しします。**

## 世界全体に分散投資するものを選ぶ

日本には約6000本の投資信託がありながら、長期投資に向かないものが多いのです。そのひとつが**「毎月分配型」**。長期投資のメリットのひとつが複利効果ですが、投資信託の利益の一部を投資家に渡す「分配金」を頻繁に払い出すため、**複利効果が得られません。**

**時々の「流行」や資産に投資するテーマ型投信**も次々と発売されてきました。金融機関の窓口で勧められるまま買ったものの、ずっと持っていたら価格が下がって、損をした人も少なくありません。

では、買っていい投資信託とは、どんなものでしょうか。まず、**運用期間が無期限**のものを選ぶべきです。長期投資が前提なのに、途中で運用が終わったら元も子もありません。

**世界全体に分散投資**していることも重要です。日本は将来の成長が期待しにくく、経済的に厳しい状態になっていくと言わざるをえません。でも、世界に目を向けると今後も成長を続けるであろう国がたくさんあります。つまり、**世界経済全体は成長が続き、それに伴って株価も上昇する**ことが期待できます。そこにお金を働きに出すことで、成長を続ける国や企業の役にたち、戻ってきます。

なかには「日本に住んでいるのだから、日本にも投資したい」人もいるでしょう。その場合には、「成長が期待できる会社」に投資する**「アクティブ投信」**を選ぶのがいいでしょう。インデックス投信はコストが安いため、個人投資家には人気ですが、日本株全体に投資するので、成長が期待できない企業にも投資することになります。

## つみたてNISAで投資できるアクティブファンド

**【指定インデックス投資信託以外の投資信託（アクティブ運用投資信託等）：20本】**

| 国内型・海外型の区分 | 投資の対象としていた資産の区分 | ファンド名称 | 運用会社 |
|---|---|---|---|
| 国内型 | 株式 | コモンズ30ファンド | コモンズ投信（株） |
| | | 大和住銀DC国内株式ファンド | 三井住友DSアセットマネジメント（株） |
| | | 年金積立　Jグロース | 日興アセットマネジメント（株） |
| | | ニッセイ日本株ファンド | ニッセイアセットマネジメント（株） |
| | | ひふみ投信 | レオス・キャピタルワークス（株） |
| | | ひふみプラス | レオス・キャピタルワークス（株） |
| | 株式および公社債 | 結い 2101 | 鎌倉投信（株） |
| 海外型 | 株式 | EXE-i　グローバル中小型株式ファンド | SBIアセットマネジメント（株） |
| | | キャピタル世界株式ファンド（ＤＣ年金つみたて専用） | キャピタル・インターナショナル（株） |
| | | セゾン資産形成の達人ファンド | セゾン投信（株） |
| | | フィデリティ・欧州株・ファンド | フィデリティ投信（株） |
| | | eMAXIS NYダウインデックス | 三菱UFJ国際投信（株） |
| | 株式および公社債 | セゾン・バンガード・グローバルバランスファンド | セゾン投信（株） |
| | | ハッピーエイジング20 | SOMPOアセットマネジメント（株） |
| | | ハッピーエイジング30 | SOMPOアセットマネジメント（株） |
| | | ハッピーエイジング40 | SOMPOアセットマネジメント（株） |
| | | 世界経済インデックスファンド | 三井住友トラスト・アセットマネジメント（株） |
| | 株式およびREIT | フィデリティ・米国優良株・ファンド | フィデリティ投信（株） |
| | 株式、公社債およびREIT | のむラップ・ファンド（積極型） | 野村アセットマネジメント（株） |
| | | ブラックロック・インデックス投資戦略ファンド | ブラックロック・ジャパン（株） |

2021年10月1日　出典：金融庁「つみたてNISA対象商品届出一覧」を加工して作成

世界全体に分散投資する投信を選ぼう。あえて日本株に投資するなら銘柄厳選型のアクティブ投信に限る

# 資産形成は「長期・積立・国際分散」投資一択

**将来に備えるお金を作るなら、するべきことは、投資行動3原則の「長期・積立・国際分散」投資の一択です。**

## 「長期投資」は〝退屈な投資〟でもある

繰り返しになりますが、将来の資産を準備することが目的で、かつ安心してできる投資を考えているなら、「長期・積立・国際分散」投資を実践しましょう。

そもそも、あなたが投資をする理由のひとつに、**「日本の将来が不安だから」**や**「公的年金制度が心配だから」**があるのではないでしょうか。残念ながら、**国は（会社も）あなたを守ってはくれません**。自分の将来のお金は自分でつくっていかなければなりません。だとすれば、**預貯金だけ、生命保険だけという選択肢はなく、また日本株だけ、日本株のインデックス投信だけという選択肢もない**でしょう。

将来の資産を準備するなら、**「投機」もありえません**。投機は、得をする人と損をする人がいて、全体でプラスマイナスゼロになる「ゼロサムゲーム」です。誰か利益を得たなら、その裏で誰かが損失を負っています。FX（外国為替証拠金取引）や株式の短期売買などは、いずれも投機的です。大きな利益を得られる可能性がある半面、大きな損失を負う可能性もあります。取引に慣れた人が趣味として楽しむのは構いませんが、それは資産形成ではありません。

一方、長期投資には、一攫千金のチャンスも価格が乱高下するスリルもありません。誰もが安心して、長期保有できる投資信託をコツコツ積み立てるだけの**〝退屈な行動〟**です。いったん仕組みをつくったら、あとはほっておけばいいので、さらに退屈です。でも、将来の資産を準備するうえでは、**「最高の投資」**の一つであることに間違いありません。

## 日本証券業協会「個人投資家の証券投資に関する意識調査【インターネット調査】」

### 金融に関する知識と投資方針—投信保有者

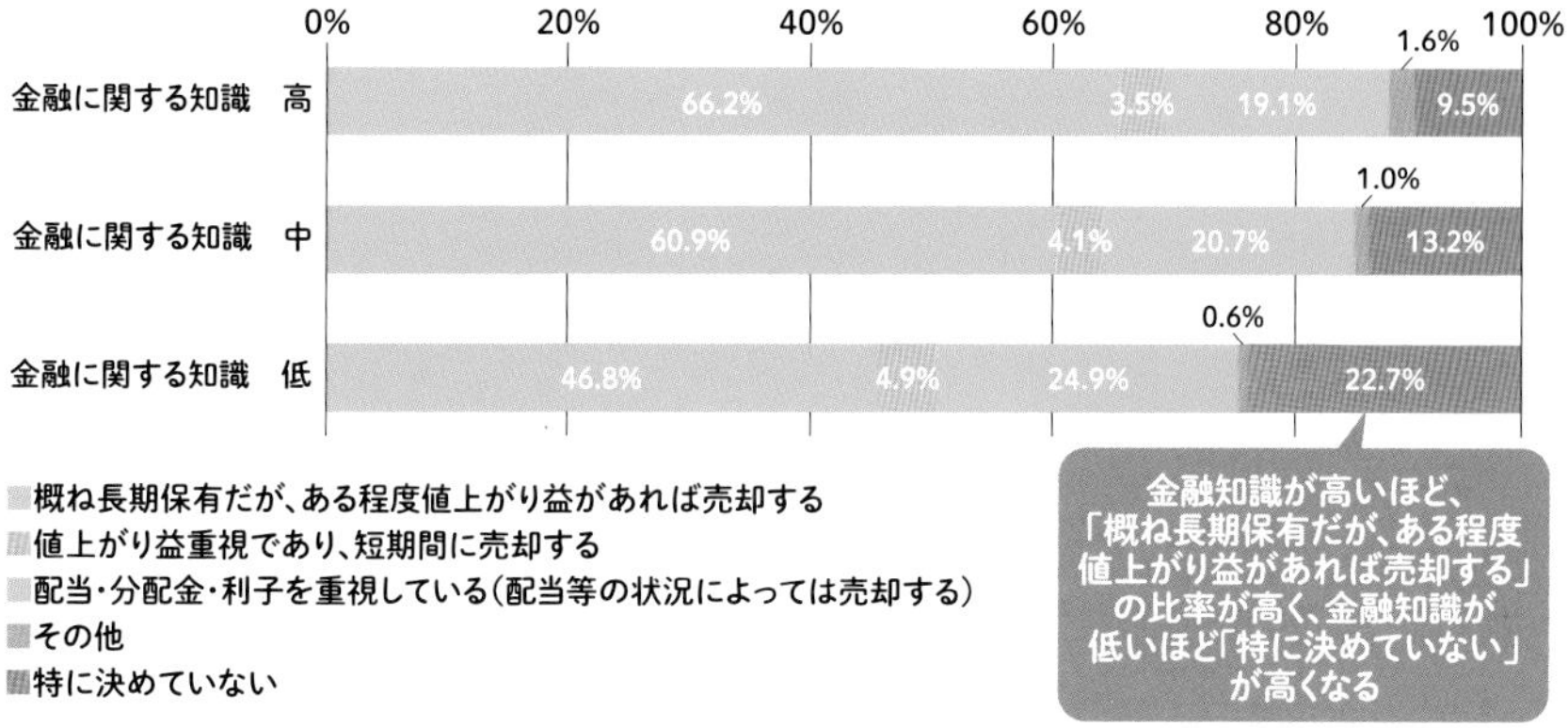


出典：日本証券業協会「個人投資家の証券投資に関する意識調査【インターネット調査】」
2020年10月20日を加工して作成

## 毎月1万円を年平均3%の期待利回りで運用した場合

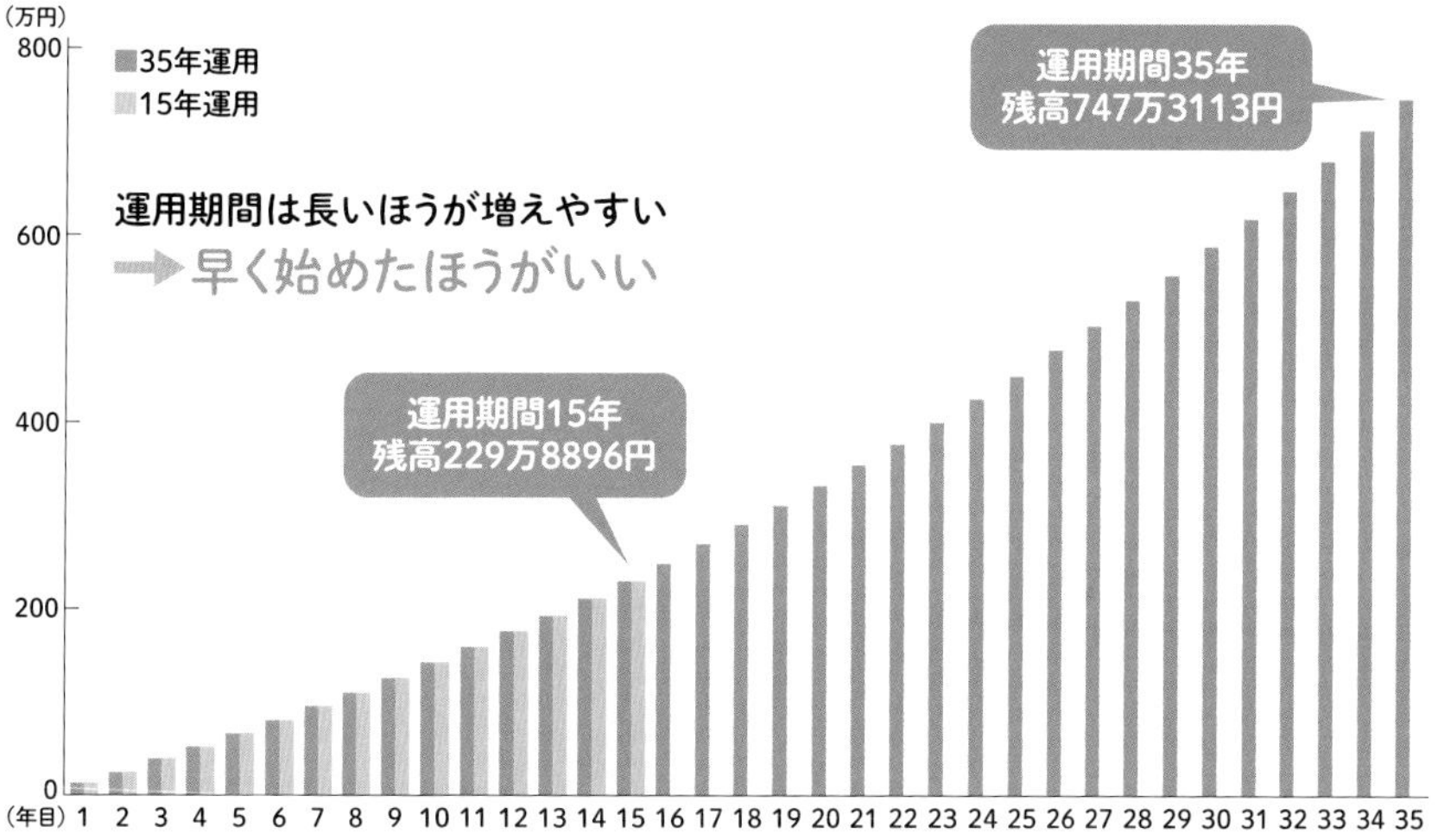


※シミュレーションであり、将来の運用実績などを保証するものではありません。

# 長期投資にとって「ＥＳＧ」は当たり前

近頃、資産運用の世界では、「ＥＳＧ投資」が注目されています。長期投資を標榜する投資信託であれば、ＥＳＧは当然の前提であって、声高に「ＥＳＧ」をアピールするのはおかしいと思っています。

私たちが毎日おいしいごはんを食べられたり、温かいお風呂に入れるように、もっと豊かに幸せに暮らせる新しい商品やサービスを提供するのはすべて企業であり、そもそも社会をよくするのが企業の使命です。

つまり企業活動は、本来それ自体がＥＳＧだといえます。私たちが長期投資している先は、そうして社会に貢献することで持続的に利益をあげることができる会社なのです。

日本の資産運用業界の大きな問題点として、すぐに「テーマ化」してしまうことがあります。ＥＳＧはあまねく企業の持続性、普遍性に関するものだとすると、それは不変の概念であって「テーマ」ではありません。話題になっている「ＥＳＧファンド」が単に売りたいがための短期的な「テーマ型ファンド」なのではないかと、少し疑ってみてください。

またＥＳＧが一つのテーマになっていて、ＥＳＧを重視している企業というと、なんとなく株価が上がりそうなイメージを持たれるかもしれませんが、運用業界のビジネス上のバイアスがかかって発せられているメッセージもあると思います。これからは投資家としてＥＳＧを意識するのは資産運用の常識になりますが、安易に「ＥＳＧファンド」に飛びつくのは避けたほうがいいでしょう。

Chapter

# 6

## ここが知りたい！
# 「Q&A」と「体験談」

Chapter6では、iDeCoとつみたてNISA、そして投資や積立に関するみなさんからの質問や疑問、「気になること」や悩みに、私と井戸美枝さんが「本気」と「本音」でお答えします！

また、みなさんより一足先に積立投資を始めた先輩たちの体験談もご紹介します。名前こそ仮名ですが、実際に、恐る恐る、あるいは「老後が心配だから、なんとかしたい」と思って投資を始めた方たちのリアルな告白です。

これをお読みになれば、きっと「自分にもできそう！」と思えるはずです。

疑問や悩みを
解消しましょう

Q&A 01

# iDeCoとつみたてNISA、どう使い分ける？

## A1 つみたてNISAで「お試し」してみる

ここまでお伝えしたとおり、iDeCoやつみたてNISAは、将来に備える資産形成を自分で行え、税制優遇もある制度です。本来であれば、運用で得た利益に20.315%が課税されますが、これを差し引かれずに済むので、実質的にリターンが約2割アップしたのと同じ効果が得られます。

**iDeCoとつみたてNISAの両方とも活用し、かつ利用できる期間中は使い続けることがベスト**な方法です。

そうはいっても、「子どもの教育費にお金がかかる時期」だったり、「コロナ禍で収入が減り、余裕がない」などの理由から、「月5000円が精一杯」で両方を活用することが難しい場合もあるでしょう。この場合には、どちらかを選んで利用する必要があります。

**税制面での優遇**では、掛金が全額所得控除の対象になり、受け取り時にも大きな控除がある**iDeCoに軍配**が上がります。ただし、原則として60歳まで引き出すことはできませんが、その分、老後資金の準備には合理的な制度といえます。

ですが、病気やけがで長期間仕事を休まざるをえないなど、急にお金が必要になる場合もあります。この場合は、**いつでも引き出し可能なつみたてNISAのほうが使い勝手がいい**でしょう。

ここから、**老後資金の準備はiDeCo、それ以外のお金はつみたてNISAで準備**するという使い分けが考えられます。また、「投資が怖い」人は、**つみたてNISAで「お試し運用」**から始め、続けられそうで、かつ余裕資金ができたなら、iDeCoも始めるといいでしょう。

## iDeCoとつみたてNISAを比べてみよう

| 制度 | | 老後資金の準備に！<br>iDeCo | さまざまなお金の準備に使える<br>つみたてNISA |
|---|---|---|---|
| 新たな資金を入れられる期間 | | 65歳になるまで(※1)<br>（運用はさらに10年の延長が可能） | 20年間<br>（2018〜2042年）(※2) |
| 限度額 | | 年14.4万〜81.6万円<br>（職業などによって異なる） | 年間40万円<br>（累計で最大800万円） |
| 投資できる商品 | | 投資信託、定期預金、保険商品 | 投資信託(※3) |
| 税制優遇 | 拠出時 | 拠出額が全額所得控除 | − |
| | 運用時 | 運用益に対して非課税 | 運用益に対して非課税 |
| | 受取時 | 公的年金等控除・退職所得控除の対象(※4) | − |
| 資金の引き出し | | 60歳までできない(※5) | いつでも可<br>（ただし、非課税枠は再利用不可） |
| 運用コスト | | 口座管理手数料、信託報酬など | 信託報酬など |

年金の準備にはもってこい！

やめるのも簡単！
まずは、こちらで「お試し」してみよう

※1　2022年5月から
※2　2024年に制度変更し、2042年までに
※3　手数料が低水準、頻繁に分配金が支払われないなど、
　　長期・積立・分散投資に適した公募株式投資信託と上場株式投資信託（ETF）に限定
※4　退職金や公的年金の金額によっては元本部分を含め課税される場合もある
※5　積立期間が短いと受け取り可能時期が遅くなる。もっとも遅い場合65歳から

## iDeCoとつみたてNISAの併用が望ましいけれど……

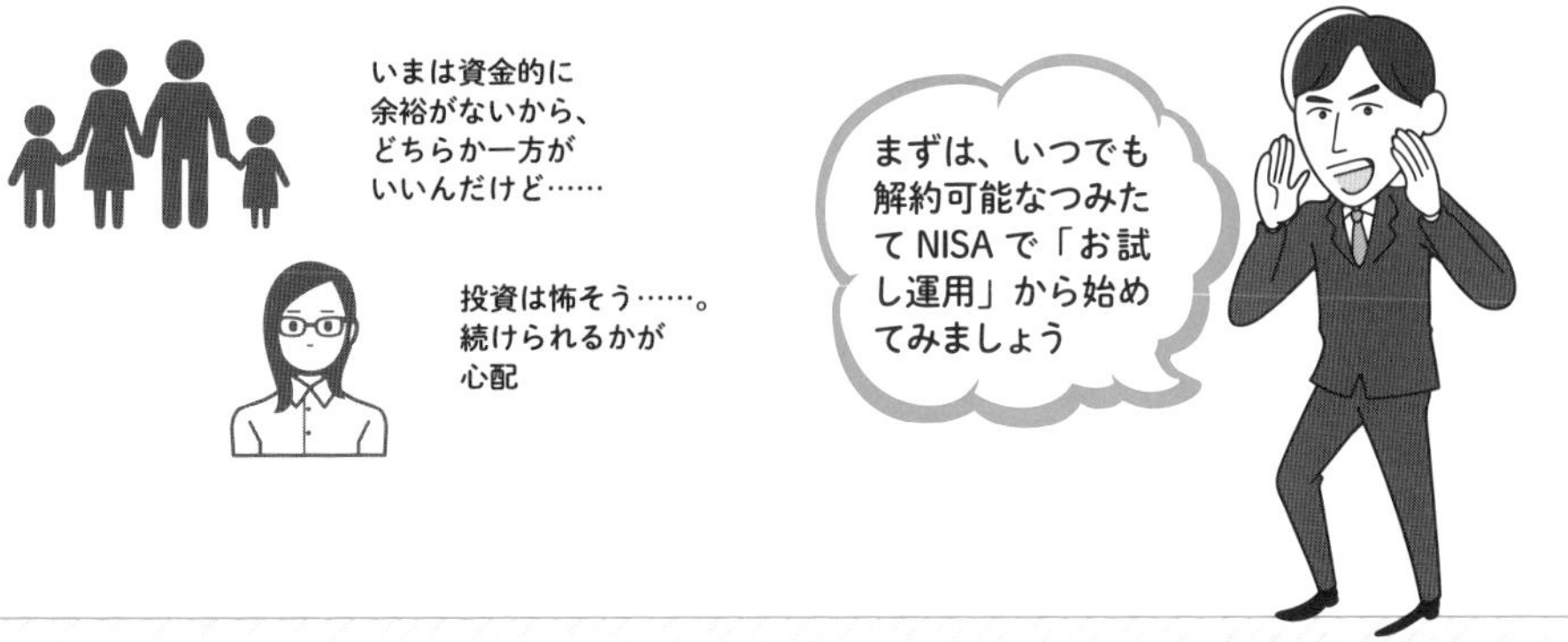
いまは資金的に
余裕がないから、
どちらか一方が
いいんだけど……
投資は怖そう……。
続けられるかが
心配
まずは、いつでも
解約可能なつみた
て NISA で「お試
し運用」から始め
てみましょう

Q&A 02

# iDeCoとつみたてNISAで運用商品を変える？

## A2 どちらも同じ投資信託で積み立てる

老後資金の準備に適したiDeCoと、さまざまな資金の準備に対応可能なつみたてNISAは、どちらも税制面での優遇がある資産運用の制度ですが、制度の設計面には違いがあります。

そのため、「iDeCoとつみたてNISAは、それぞれ違う投資信託で運用したほうがいいのでは……？」と悩む人がいるかもしれません。

結論からいうと、**選ぶ商品は基本的に同じもの**でいいでしょう。

投資のプロではない普通の生活者の場合には、いろいろな投資信託に手を出すよりも、**しっかりとした投資信託を1本**選んで、その投資信託を信頼して投資のパートナーとして長期でつき合っていくことが最適な資産運用の方法です。

選ぶべきは、預貯金を積み立てるのと変わらない心持ちで、かつ将来に向けた資産の成長を合理的に見据えて、**長期間持ち続けることができる商品**であることが望ましいといえます。

ゼロ金利下のインフレを前提とするなら、預貯金は最低限にしておく必要があります。

この先、インフレが恒常化して、実質的にお金の価値が目減りすると思うのなら、**インフレに強い資産で運用**することが肝心です。

そう考えると、**株式に投資する投資信託1本で、国際分散投資ができるものを選ぶ**といいでしょう。投資経験がない人は、株式と債券に分散投資するバランス型の投資信託でも構いません。

リバランスと呼ばれる資産配分の調整もやってくれる投資信託ならば、ほったらかしておいても最終的には資産が増える可能性も高まるでしょう。

## 国際分散投資ができる「お気に入りの1本」で運用したほうがいい！

### 国内外の株式に分散投資する商品は、安定性と収益性を兼ね備えている

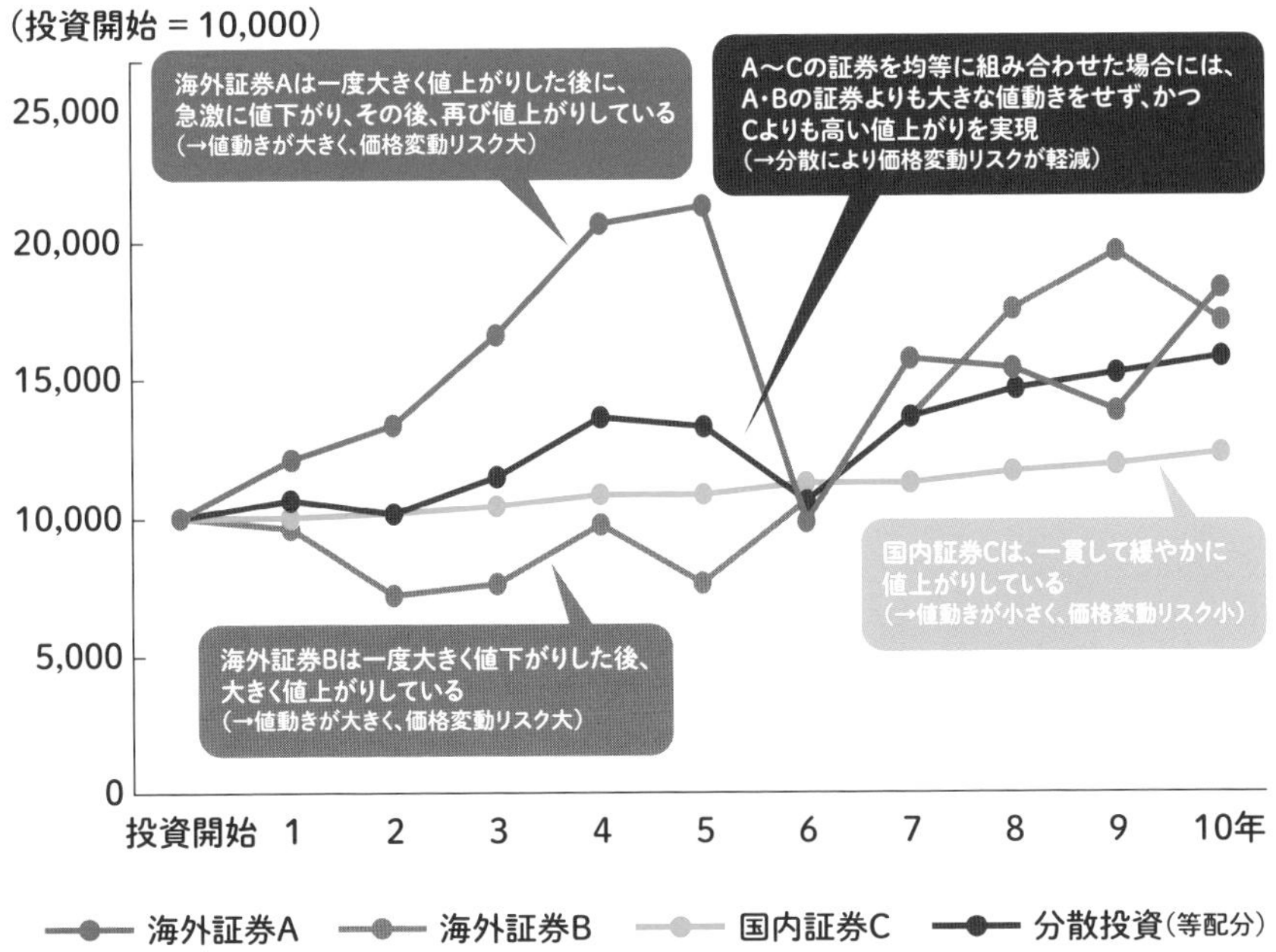
(投資開始＝10,000)
海外証券Aは一度大きく値上がりした後に、
急激に値下がり、その後、再び値上がりしている
(→値動きが大きく、価格変動リスク大)
A～Cの証券を均等に組み合わせた場合には、
A・Bの証券よりも大きな値動きをせず、かつ
Cよりも高い値上がりを実現
(→分散により価格変動リスクが軽減)
国内証券Cは、一貫して緩やかに
値上がりしている
(→値動きが小さく、価格変動リスク小)
海外証券Bは一度大きく値下がりした後、
大きく値上がりしている
(→値動きが大きく、価格変動リスク大)
25,000
20,000
15,000
10,000
5,000
0
投資開始 1 2 3 4 5 6 7 8 9 10年
海外証券A
海外証券B
国内証券C
分散投資(等配分)

出典：金融庁「NISA特設ウェブサイト」を加工して作成

株式に投資する
国際分散投資が
できるのものを
選びましょう

## Q&A 03

# 元手がないけれど大丈夫?

**A3 大切なことは「始めてみる」こと**

「投資をする元手がないから、余裕資金ができてから始めよう」という人は少なくありません。ですが、そのような心構えでは、いつまでたっても投資できないということになりかねません。

投資は、**お金のある人がすることだと思っている人が、いまだにいらっしゃいますが、決して、そんなことはありません。**投資信託の積立ならば、毎月数千円程度から始めることができます。金融機関によってはワンコインでできるところもあるようです。「投資を始めたい」のなら、少額でもいいから始めることが大切です。**始めなければ、いつになっても資産はつくれない**でしょう。

ただし、毎月100円や1000円では、なかなか資産が増えません。最低でも月に5000円くらいは積み立てたいものです。本気で積立投資を続ければ、しっかり資産を築くことが期待できます。

**投資は「余裕資金で」という考え方もやめたほうがいい**でしょう。毎月のお給料から生活に必要なお金を差し引いて、残ったお金を積み立てる発想では、いつになっても投資資金を捻出できないし、増やせません。永遠に老後資金は準備できないかもしれません。

家計を見直して、「このくらいなら無理なく続けられそう」と思える金額を計算し、それを給料天引きで積立投資に回します。ムダな保険を解約したり、通信料金を見直せば、案外お金は生まれるものです。

毎月少額から積立投資ができ、非課税メリットもあるiDeCoやつみたてNISAは、「始めてみる」ための理想的な方法だといえます。

## 毎月1000円、毎月1万円を38年間、年平均3％の期待利回りで運用した場合

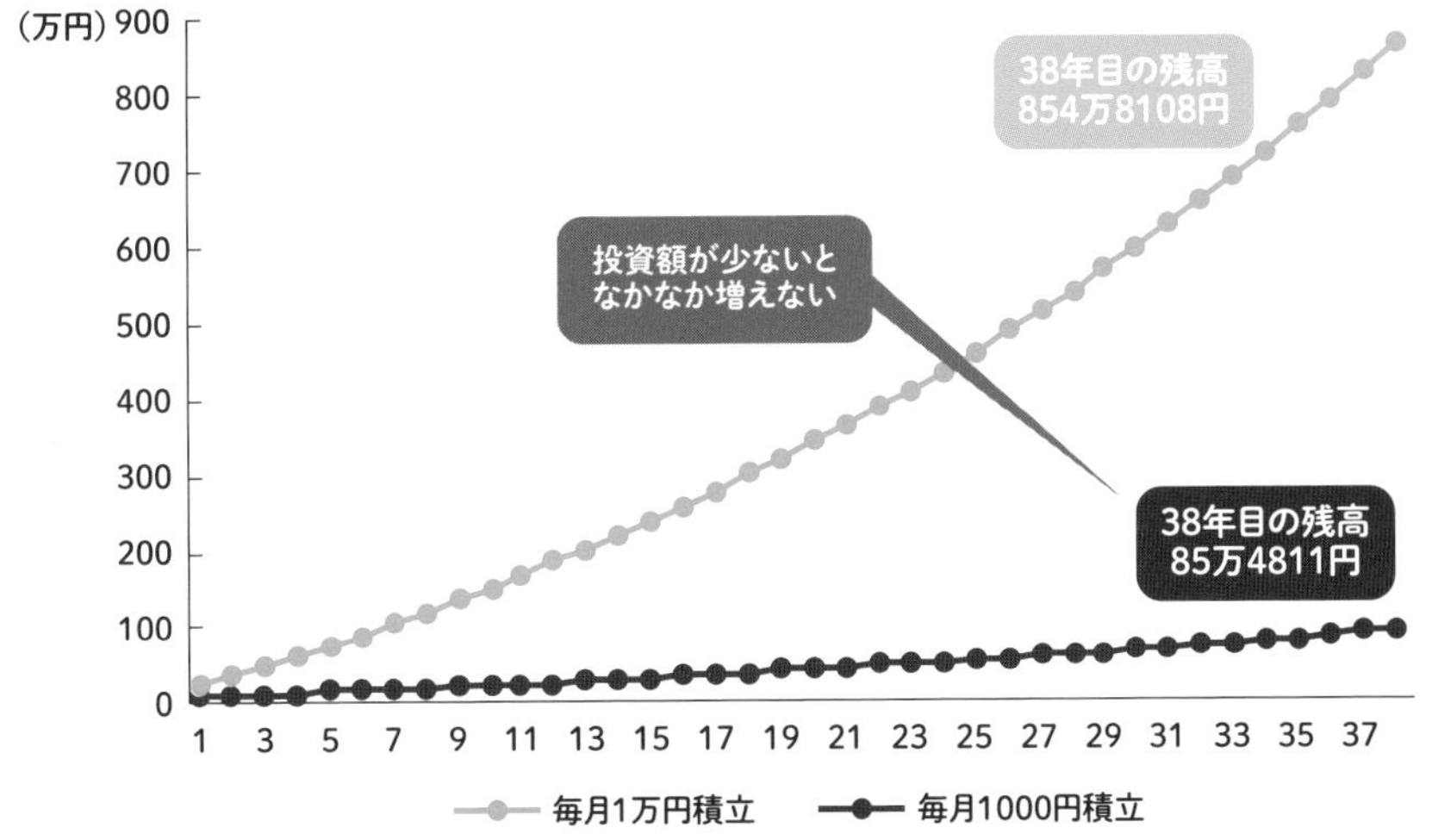


## 月々5万円を15年間、期待収益率年3％で積み立てたとすると

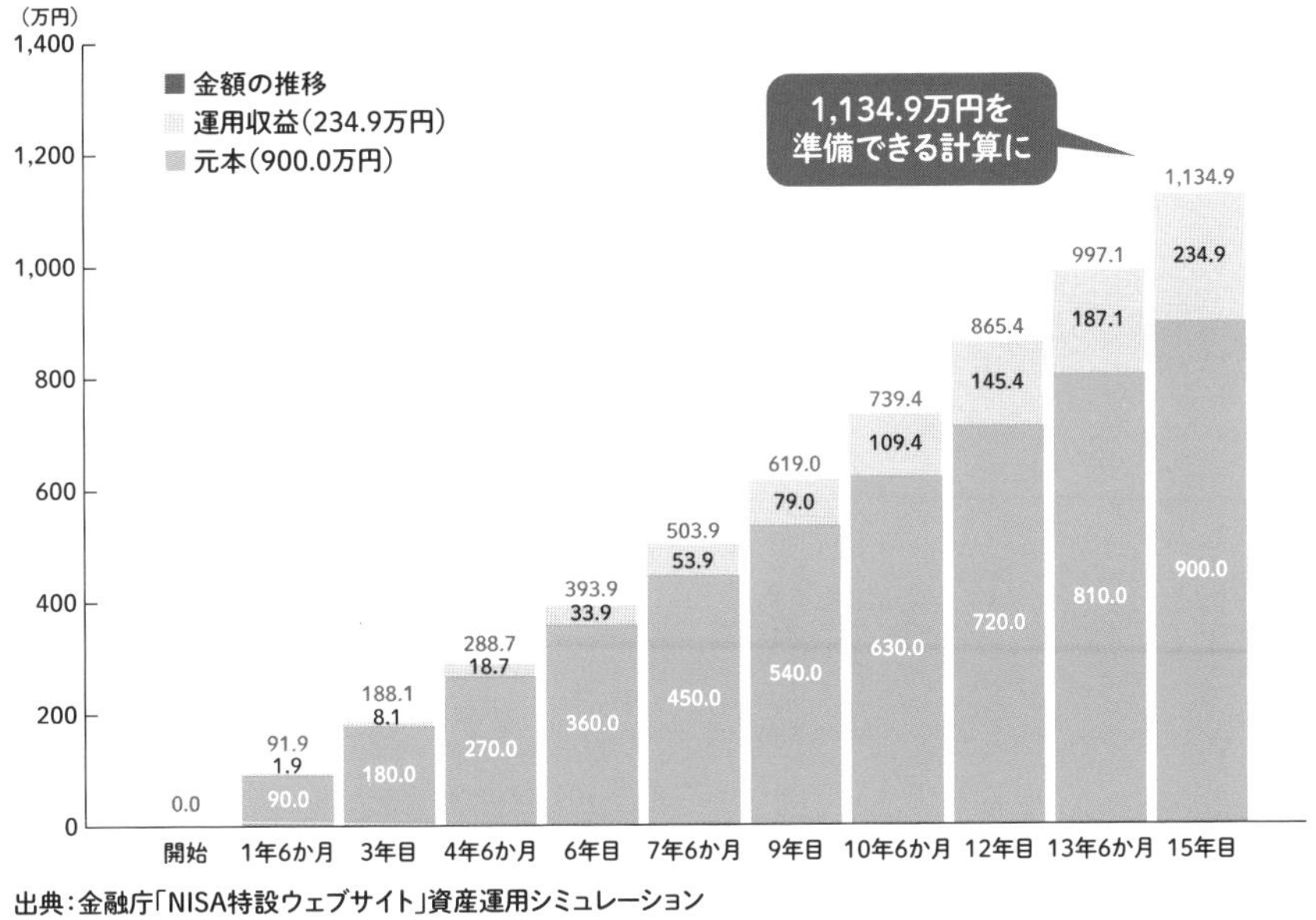


出典：金融庁「NISA特設ウェブサイト」資産運用シミュレーション

Q&A 04

# 50代で始めても遅くはない？

A4
50代でも大丈夫
いますぐ始めて！

**資産運用を始めるのに、遅すぎることはありません。**あなたが「いまさら始めてもムダなのでは？」と思っているなら、定年を迎える時期や公的年金の支給が開始される65歳までに、老後資金を全額準備しなければならないと考えるからではないでしょうか。

あなたに配偶者がいて、あなたと配偶者のふたりでiDeCoとつみたてNISAをそれぞれ非課税枠の上限まで活用すると、月々９万円以上を積立投資することができます。

左ページの上図は、49歳の会社員の夫と同い年の公務員の妻が、仮に非課税枠上限まで、iDeCoとつみたてNISAを10年間続けた場合のシミュレーションです。期待収益率が年３％だったと仮定すると、10年間で約１４１１万円の資産を形成できます。60歳以降も働き続け、厚生年金に加入していれば、64歳まで運用を続けられます。つみたてNISAでの運用は、もっと長く続けられるでしょう。

左ページ下の図は、おひとりさまが60歳でリタイアした場合です。月々２万３０００円ずつ積み立てて、仮に期待収益率年３％で運用できたなら、60歳のときに約７０６万円の資産を手にできます。60歳以降は掛金の拠出はできないものの、同じく３％で運用を続けたならば、69歳のときに約８９４万円の資産を築けます。

**資産運用は50歳からでも遅くはありませんし、定年後も運用をやめる必要はありません。**むしろ、お金はずっと現役で、元気に経済活動の中で働けるのですから、長期投資を継続することで金融資産を増やすことを考えましょう。

## 会社員の夫と公務員の妻がiDeCoとつみたてNISAを積み立てると

| | iDeCo | つみたてNISA | 月々の積立額 | 年間の積立額合計 |
|---|---|---|---|---|
| 夫 | 2万3000円 | 3万3000円 | 5万6000円 | 67万2000円 |
| 妻 | 1万2000円 | 3万3000円 | 4万5000円 | 54万円 |

}121万2000円

月々10万1000円を期待収益率年3%で10年間積み立てた場合

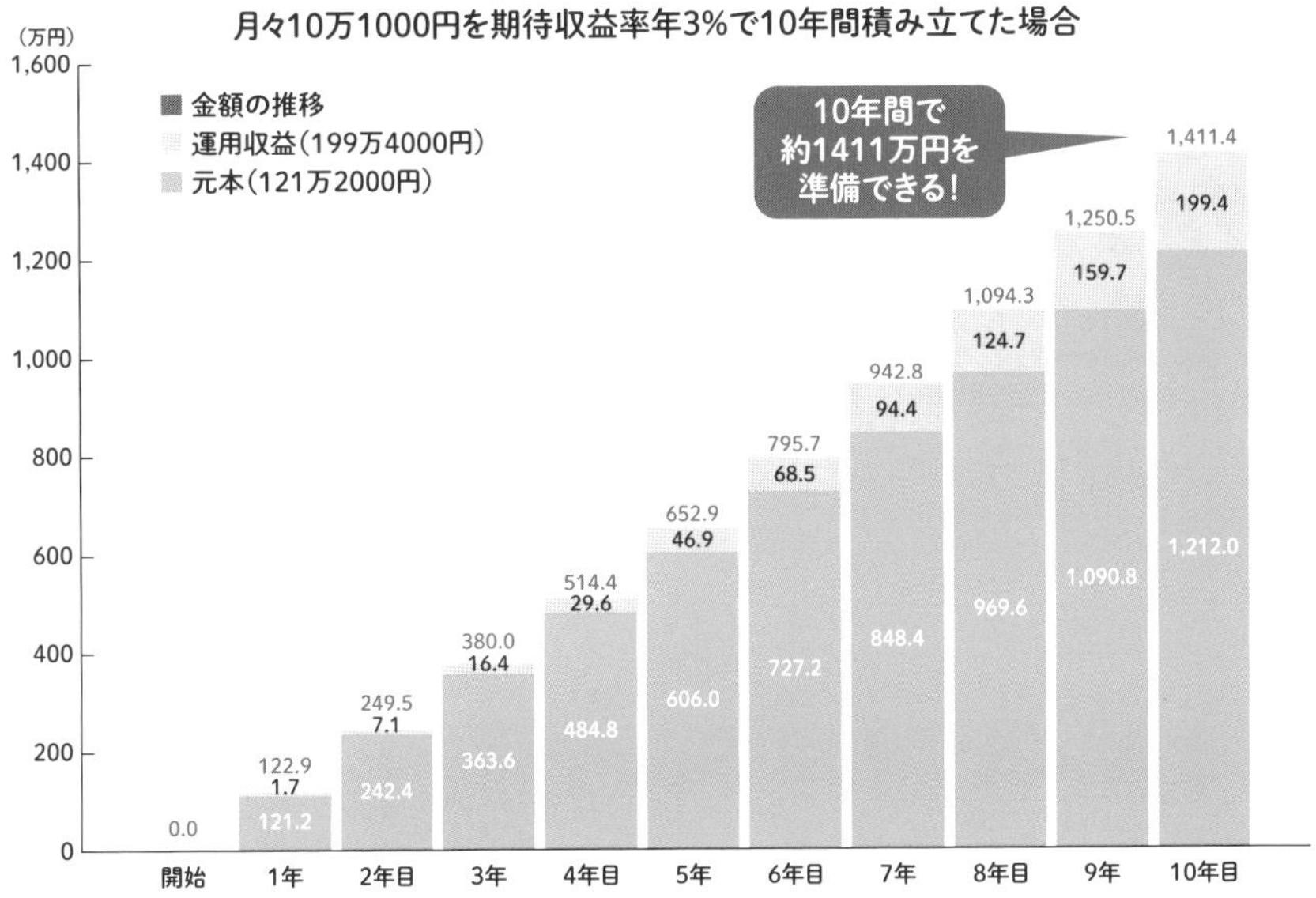


出所：金融庁「NISA特設ウェブサイト」資産運用シミュレーション

## 60歳以降も運用を続ければ、そのぶん資産を増やせる

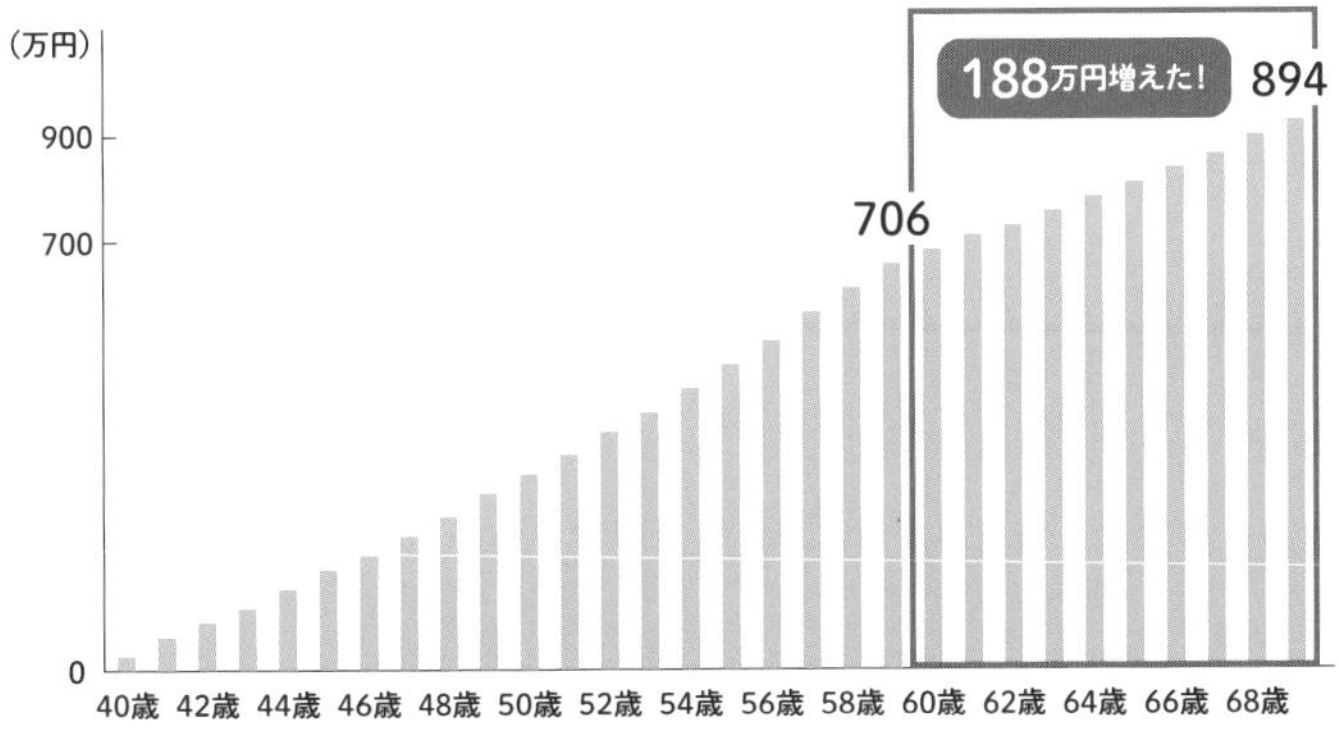


40〜59歳まで
月2万3000円ずつ
積み立て、年平均
期待収益3%で運用

60〜69歳まで
706万円(60歳時点の資産)を年平均期待収益3%で運用

※シミュレーションであり、将来の投資成果などを保証するものではありません。

Q&A 05

# いつから、どうやって引き出せばいい？

A5

## 人生100年時代は運用しながら引き出す

iDeCoでは、積立をして新規に資金を入れることができるのは、現状では60歳までとなっています（会社員であれば、2022年5月からは65歳になるまで掛金を拠出できる）。

ですが、**運用は70歳まで続けることができます**。つみたてNISAは、口座開設可能期間が2042年まで延長されるため、2023年までに始めれば、**年間40万円を上限に最長で20年間積立投資ができる**ことになります。

今後は、定年の概念がなくなり、元気な間は働き続けて積立も継続し、資産を増やすことが当たり前の時代になるでしょう。

例えば、リタイア後に積み立てた資金を取り崩す際も、運用を続けながら引き出すことが大切です。左ページの上の図は、50歳から15年間、毎月10万円ずつ積立投資し、期待収益率年3％で運用したシミュレーションです。この場合は、約2269万円の資産を形成できています。

中段の図は、その資金を同じ利回りで運用しながら月15万円ずつ引き出した場合と、運用をやめ、例えば銀行預金に預けて年率0・1％で運用しながら同額を引き出した場合のシミュレーションです。前者は15年11か月資産を維持できますが、後者は12年8か月で資産が尽きます。

ここからもわかるように、**定年後も運用をやめる必要などありません**。むしろ、自分が働かなくなった分、お金に働き続けてもらい、増やしながら引き出すことが大切です。

なお、運用しながら定期的に**定期換金**できるサービスを提供している金融機関もあります。

## 毎月10万円ずつ積み立てて、年利3%で運用した場合の投資成果

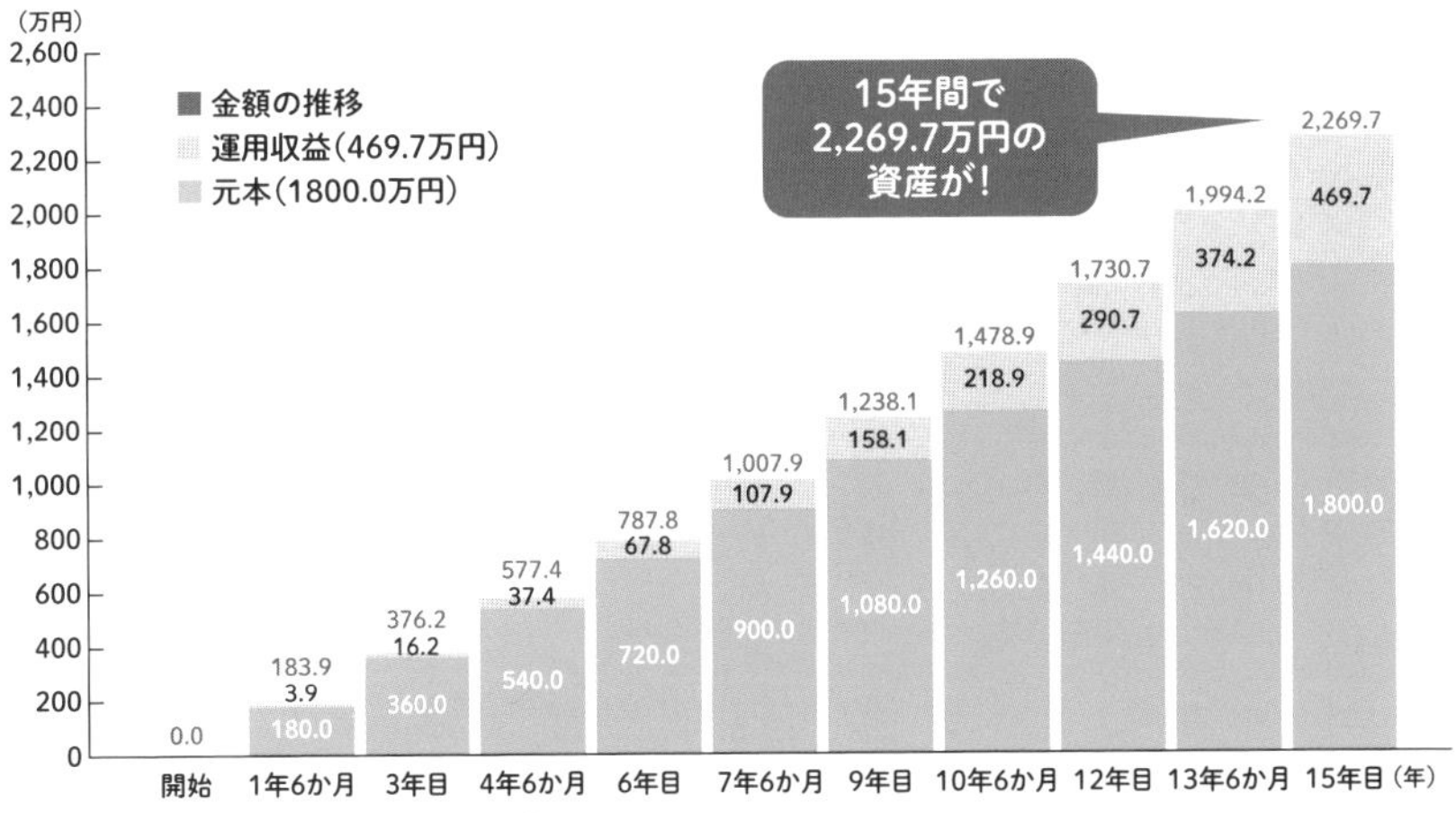


出典：金融庁「NISA特設ウェブサイト」資産運用シミュレーション

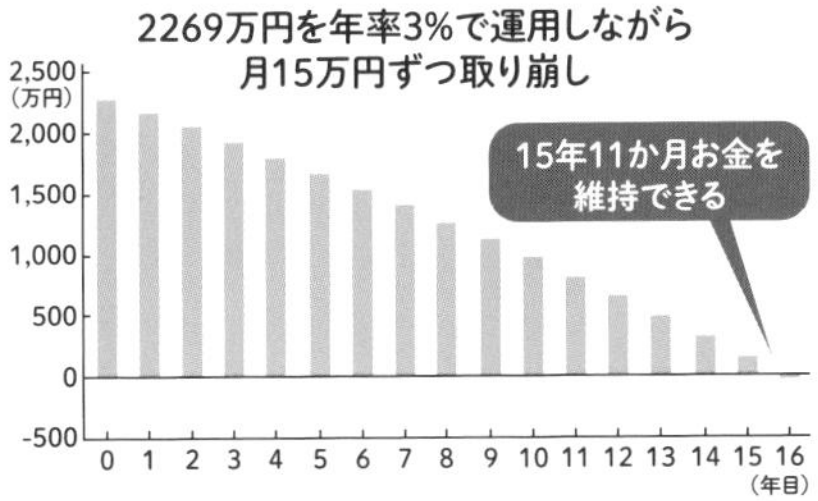


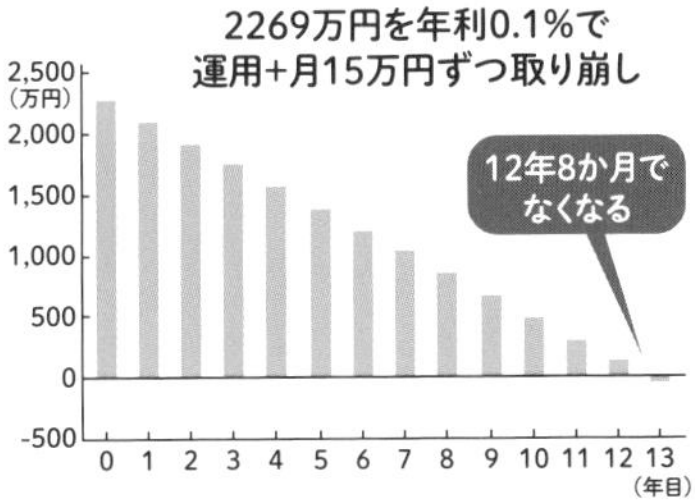


## 定期換金サービス

投資信託の運用で積み立ててきた資産を定期的に取り崩していくことを金融機関がサポートするサービスです。

セゾン投信、楽天証券、SBI証券など一部の金融機関が提供しているもので、定期換金の方法や対象となる投資信託、対象となる口座、受取日の設定などは提供している金融機関により異なります。

一般的には、「金額」「率」「口数」を指定する3つの方法があります。

| 指定方法 | 定期的に受け取る金額 | 受取期間 |
| --- | --- | --- |
| 金額指定 | 一定 | 未定 |
| 率指定 | 変動 | 未定 |
| 口数指定 | 変動 | 確定 |

Q&A 06

# コストの違いは重要ですか？

## A6 運用管理費用の違いが運用成績に影響する

投資信託は、購入時、保有期間中、解約時にそれぞれ費用がかかります。

**購入時手数料**は、投資家が投資信託を購入する際に、証券会社や銀行などの販売会社に支払う手数料です。つみたてNISAの対象商品は、**すべて購入時手数料ゼロの「ノーロード」**と呼ばれるものですが、多くの投資信託は購入時に2~3%の手数料を販売会社が受け取るものです。1万円で投資する場合、購入時手数料が3%ならば、9700円から運用を始めることになり、投資効率が大幅に低下します。

保有期間中は、**運用管理費用（信託報酬）**がかかります。これは投資信託の運用や管理にかかる費用で、運用会社と販売会社、資産の管理や保管を行う受託銀行（信託銀行）に配分されます。また、解約時には信託財産留保額が徴収されるケースもあります。これは中途解約して換金する人から、運用を継続している他の投資家に対するいわば迷惑料のようなもので、投資信託財産にチャージされる中立公正なコストです。つまりこの費用は、運用会社などに入るのではなく投資信託の財産となります。

これらの費用は、投資信託によってさまざまです。ただし、例えば**運用管理費用が高い投信が、常に高い運用成績をあげているという事実はありません。**投資家にとっては、運用内容と比べて極端に高い運用管理費用や購入時手数料は、**百害あって一利なし**です。しかも、長期投資では、**運用管理費用の差が運用成績に影響**します。

運用管理費用をしっかり比較し、商品内容に対して適切な水準のものを選ぶことが重要です。

## 信託報酬が1%違う場合の資産総額

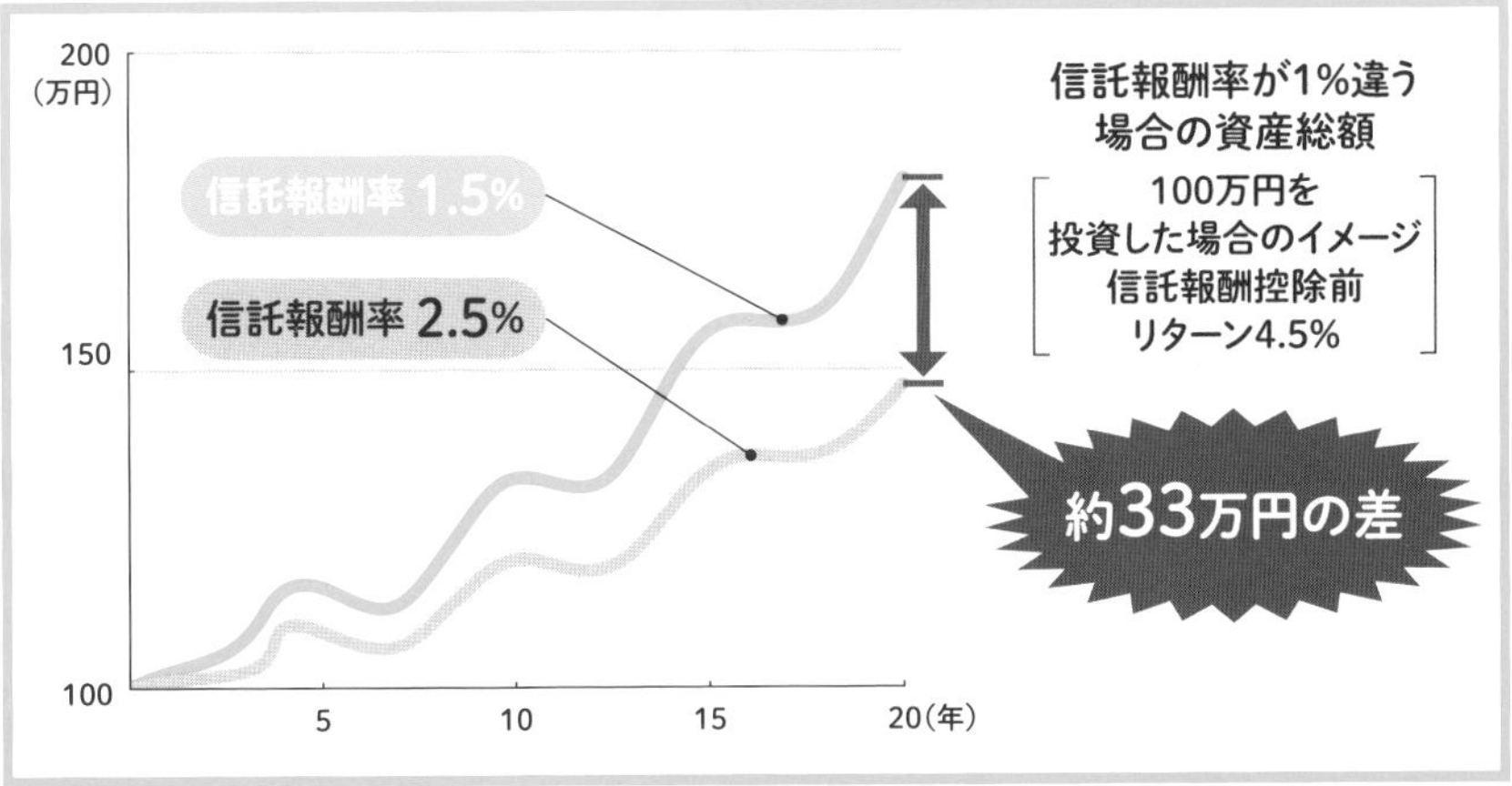


出典：金融庁「つみたてNISA早わかりウェブサイト」を加工して作成

## 投資信託の費用

| | | |
|---|---|---|
| 購入時 | 購入時手数料 | 購入時に販売会社に支払う費用（かからない投資信託もある） |
| | | iDeCoやつみたてNISA対象商品にはかからない |
| 保有時 | 運用管理費用（信託報酬） | 投資信託の運用・管理にかかる費用 |
| | | 投資信託の保有額に応じて毎日支払う費用 |
| 解約時 | 信託財産留保額 | 信託期間の途中で換金する場合に徴収される（かからない投資信託もある） |
| | | 信託財産に留保される |

Q&A 07

# 銀行の窓口で勧められた投信を買うべき？

## A7 信頼できる1本を自分で選びましょう

5章で、かつての日本には劣悪な投資信託がたくさんあったことをお話ししました。投資信託を販売する金融機関は、投資信託を「手数料稼ぎの道具」、「自分たちが儲ける道具」としか考えていなかったようです。

ここには、販売する側の問題と、運用する側の問題、そして投資家側それぞれに問題があります。販売会社の問題は既に説明したとおりです。次に運用会社の問題です。

投資信託は生活者のお金を集めて、投資というかたちで産業界を支えるお金を提供し、**資金を拠出した生活者に真っ当なリターンを配分することが社会的な使命**です。この思想が欠落していました。だから、価格が上がりそうなテーマや地域に特化したテーマ型の投信を量産してお金を集め、価格が上がったら売却して利益を得てもらっていたのです。

ここには長期的な産業資本の提供という資産運用会社としての社会的使命感が欠落していますし、何より商品をたくさん販売してもらうために、販売金融機関の意向をくんで、**営業しやすい投資信託を製造してしまうという業界構造**があるのです。

投資家側も、**自分の頭で考えずに勧められるものを買い、損をしたら誰かのせいにする傾向があります**。このような思考停止の状態は、自立した生き方ではありません。投資信託を選ぶ際は、自分の頭で考え、「長期・積立・国際分散」投資を実践できる、しっかりした1本を選ぶべきです。どの販売会社でも、その投信を扱っているとは限りません。買うべき投信を決めてから販売会社に口座を開くのが順当な手順といえます。

## 投資信託保有顧客数の推移

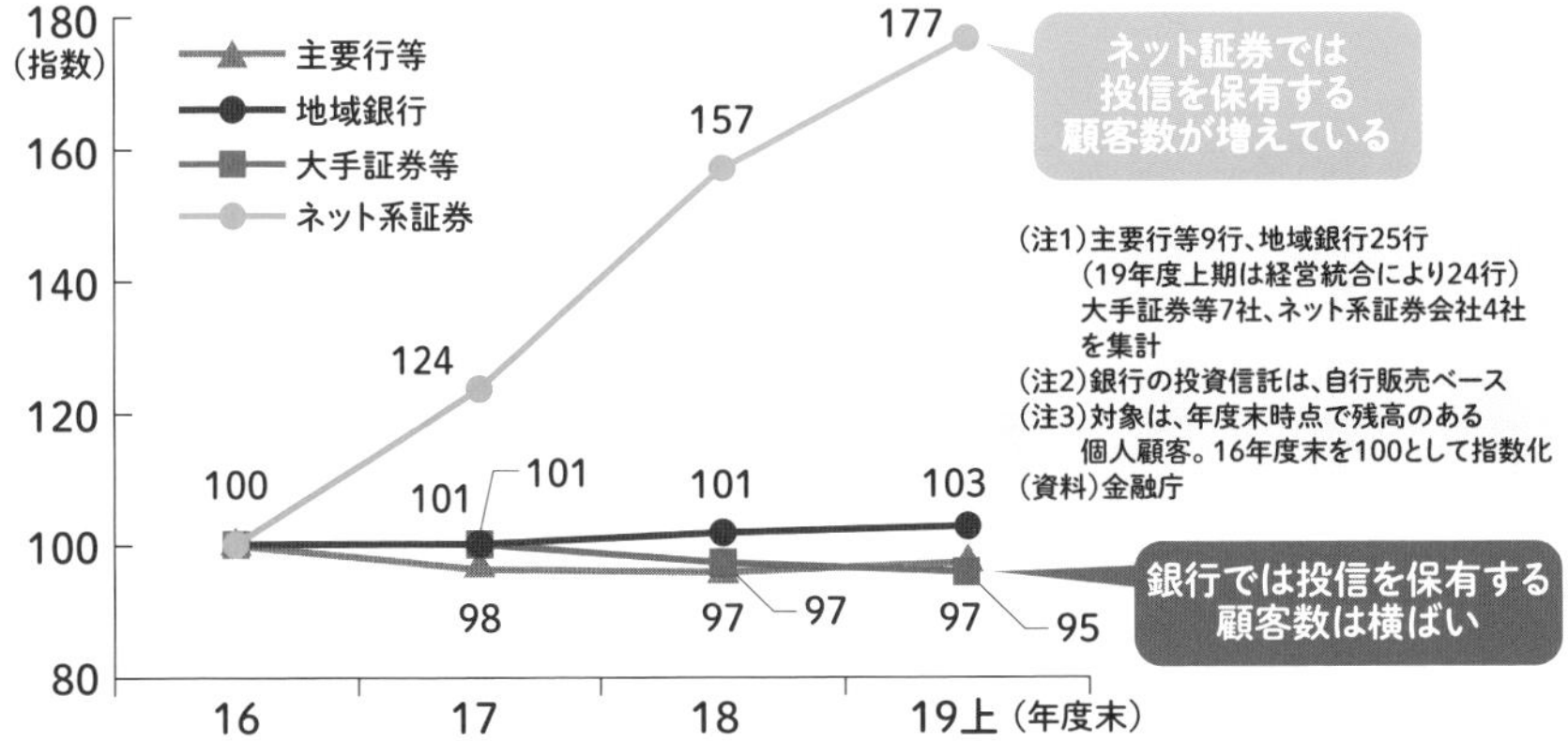

ネット証券では投信を保有する顧客数が増えている
銀行では投信を保有する顧客数は横ばい

(注1)主要行等9行、地域銀行25行
(19年度上期は経営統合により24行)
大手証券等7社、ネット系証券会社4社
を集計
(注2)銀行の投資信託は、自行販売ベース
(注3)対象は、年度末時点で残高のある
個人顧客。16年度末を100として指数化
(資料)金融庁

出典：金融庁「投資信託等の販売会社による顧客本位の業務運営のモニタリング結果について」令和2年7月3日

## 投資信託の平均販売手数料率の推移

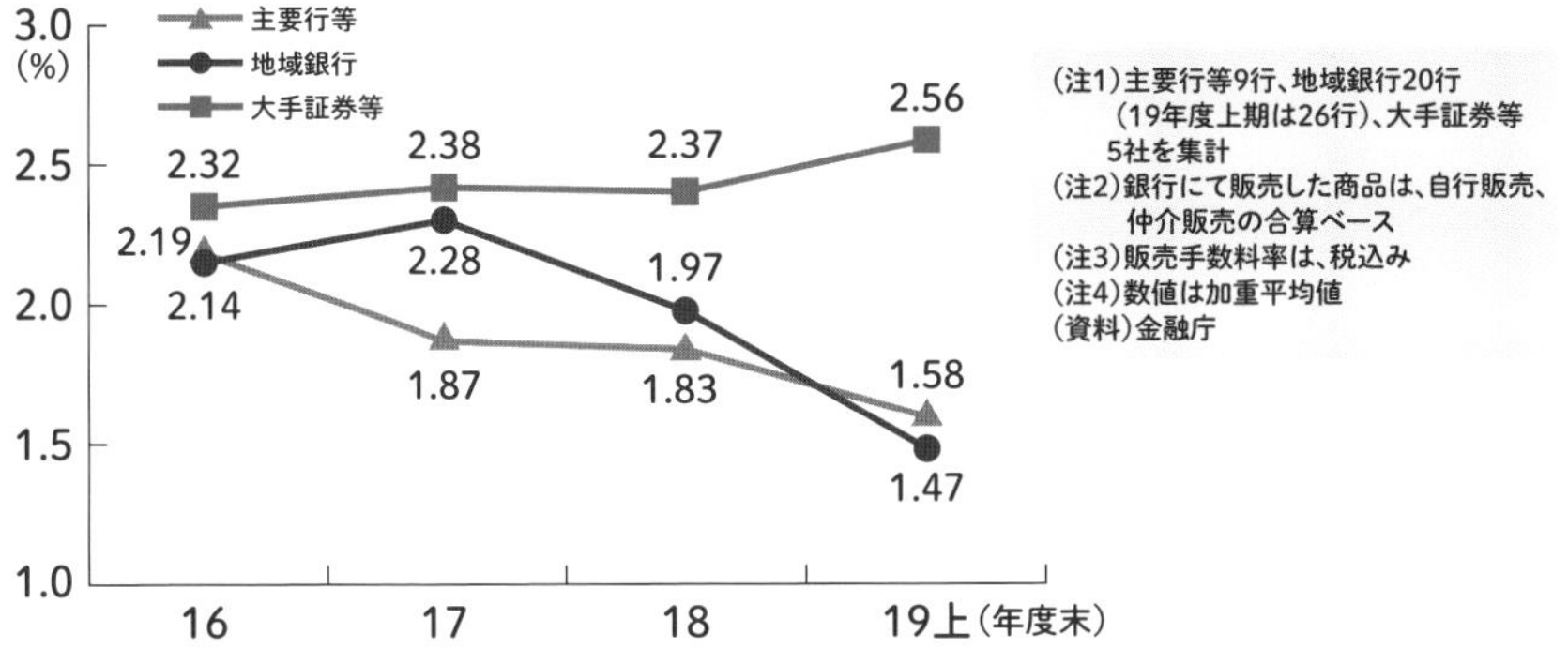

5社を集計
(注2)銀行にて販売した商品は、自行販売、
仲介販売の合算ベース
(注3)販売手数料率は、税込み
(注4)数値は加重平均値

出典：金融庁「投資信託等の販売会社による顧客本位の業務運営のモニタリング結果について」令和2年7月3日

Q&A 08

# 「標準報酬月額」とはなに？

A8 社会保険料を計算する基準となる給与のこと

標準報酬月額とは、**厚生年金保険料や健康保険料・介護保険料を算定するときの基準になる給与**のことです。

社会保険料を計算しやすくするために、報酬月額（報酬・残業手当、通勤手当などを含めた月収）を区分（等級）ごとに当てはめたものです。

厚生年金の下限は8万8000円（1等級）、上限は65万円（32等級）。健康保険（介護保険）は1等級5万8000円から139万円（50等級）までとなっています。いくら給与が高くても厚生年金は65万円まで、健康保険は139万円までで計算されます。（左ページ参照）。

毎年4月・5月・6月分の3か月間の給与の平均を計算します。これが**「報酬月額」**です。

この報酬月額を等級表に当てはめたものが、標準報酬月額です。9月から翌年の8月までの保険料のもとになる月収です。しかし、この1年間のうちに、昇給や減給などで給与が変動する場合もあるでしょう。「随時改定」という仕組みで標準報酬月額が変更されます。変動した月の3か月間の給与の平均を計算し、2等級以上変動した場合は、4か月目から保険料が変わります。

毎年、誕生月に送られてくる**「ねんきん定期便」**では、表面に標準報酬月額が記載されています。この標準報酬月額で、健康保険の手当金がわかります。

例えば、傷病手当金、出産手当金は、標準報酬月額の3分の2相当額です。

この表で、病気などになって会社を休んだときに、どのくらいの保障があるのかも併せて確認しておきましょう。

## 健康保険・厚生年金保険の保険料額表（令和3年度版）・東京都協会けんぽの例

### 令和3年3月分（4月納付分）からの健康保険・厚生年金保険の保険料額表

・健康保険料率：令和3年3月分～ 適用　・厚生年金保険料率：平成29年9月分～ 適用
・介護保険料率：令和3年3月分～ 適用　・子ども・子育て拠出金率：令和2年4月分～ 適用

（東京都）　（単位：円）

| 標準報酬 等級 | 標準報酬 月額 | 報酬月額 円以上 | 報酬月額 円未満 | 全国健康保険協会管掌健康保険料 介護保険第2号被保険者に該当しない場合 9.84% 全額 | 折半額 | 介護保険第2号被保険者に該当する場合 11.64% 全額 | 折半額 | 厚生年金保険料（厚生年金基金加入員を除く） 一般、坑内員・船員 18.300%※ 全額 | 折半額 |
|---|---|---|---|---|---|---|---|---|---|
| 1 | 58,000 | ～ | 63,000 | 5,707.2 | 2,853.6 | 6,751.2 | 3,375.6 | | |
| 2 | 68,000 | 63,000 ～ | 73,000 | 6,691.2 | 3,345.6 | 7,915.2 | 3,957.6 | | |
| 3 | 78,000 | 73,000 ～ | 83,000 | 7,675.2 | 3,837.6 | 9,079.2 | 4,539.6 | | |
| 4(1) | 88,000 | 83,000 ～ | 93,000 | 8,659.2 | 4,329.6 | 10,243.2 | 5,121.6 | 16,104.00 | 8,052.00 |
| 5(2) | 98,000 | 93,000 ～ | 101,000 | 9,643.2 | 4,821.6 | 11,407.2 | 5,703.6 | 17,934.00 | 8,967.00 |
| 6(3) | 104,000 | 101,000 ～ | 107,000 | 10,233.6 | 5,116.8 | 12,105.6 | 6,052.8 | 19,032.00 | 9,516.00 |
| 7(4) | 110,000 | 107,000 ～ | 114,000 | 10,824.0 | 5,412.0 | 12,804.0 | 6,402.0 | 20,130.00 | 10,065.00 |
| 8(5) | 118,000 | 114,000 ～ | 122,000 | 11,611.2 | 5,805.6 | 13,735.2 | 6,867.6 | 21,594.00 | 10,797.00 |
| 9(6) | 126,000 | 122,000 ～ | 130,000 | 12,398.4 | 6,199.2 | 14,666.4 | 7,333.2 | 23,058.00 | 11,529.00 |
| 10(7) | 134,000 | 130,000 ～ | 138,000 | 13,185.6 | 6,592.8 | 15,597.6 | 7,798.8 | 24,522.00 | 12,261.00 |
| 11(8) | 142,000 | 138,000 ～ | 146,000 | 13,972.8 | 6,986.4 | 16,528.8 | 8,264.4 | 25,986.00 | 12,993.00 |
| [illegible] | [illegible] | [illegible] | [illegible] | [illegible] | [illegible] | [illegible] | [illegible] | [illegible] | [illegible] |
| [illegible] | [illegible] | [illegible] | 485,000 | [illegible] | [illegible] | [illegible] | [illegible] | [illegible] | [illegible] |
| 30(27) | 500,000 | 485,000 ～ | 515,000 | 49,200.0 | 24,600.0 | 58,200.0 | 29,100.0 | 91,500.00 | 45,750.00 |
| 31(28) | 530,000 | 515,000 ～ | 545,000 | 52,152.0 | 26,076.0 | 61,692.0 | 30,846.0 | 96,990.00 | 48,495.00 |
| 32(29) | 560,000 | 545,000 ～ | 575,000 | 55,104.0 | 27,552.0 | 65,184.0 | 32,592.0 | 102,480.00 | 51,240.00 |
| 33(30) | 590,000 | 575,000 ～ | 605,000 | 58,056.0 | 29,028.0 | 68,676.0 | 34,338.0 | 107,970.00 | 53,985.00 |
| 34(31) | 620,000 | 605,000 ～ | 635,000 | 61,008.0 | 30,504.0 | 72,168.0 | 36,084.0 | 113,460.00 | 56,730.00 |
| 35(32) | 650,000 | 635,000 ～ | 665,000 | 63,960.0 | 31,980.0 | 75,660.0 | 37,830.0 | 118,950.00 | 59,475.00 |
| 36 | 680,000 | 665,000 ～ | 695,000 | 66,912.0 | 33,456.0 | 79,152.0 | 39,576.0 | | |
| 37 | 710,000 | 695,000 ～ | 730,000 | 69,864.0 | 34,932.0 | 82,644.0 | 41,322.0 | | |
| 38 | 750,000 | 730,000 ～ | 770,000 | 73,800.0 | 36,900.0 | 87,300.0 | 43,650.0 | | |
| 39 | 790,000 | 770,000 ～ | 810,000 | 77,736.0 | 38,868.0 | 91,956.0 | 45,978.0 | | |
| 40 | 830,000 | 810,000 ～ | 855,000 | 81,672.0 | 40,836.0 | 96,612.0 | 48,306.0 | | |
| 41 | 880,000 | 855,000 ～ | 905,000 | 86,592.0 | 43,296.0 | 102,432.0 | 51,216.0 | | |
| 42 | 930,000 | 905,000 ～ | 955,000 | 91,512.0 | 45,756.0 | 108,252.0 | 54,126.0 | | |
| 43 | 980,000 | 955,000 ～ | 1,005,000 | 96,432.0 | 48,216.0 | 114,072.0 | 57,036.0 | | |
| 44 | 1,030,000 | 1,005,000 ～ | 1,055,000 | 101,352.0 | 50,676.0 | 119,892.0 | 59,946.0 | | |
| 45 | 1,090,000 | 1,055,000 ～ | 1,115,000 | 107,256.0 | 53,628.0 | 126,876.0 | 63,438.0 | | |
| 46 | 1,150,000 | 1,115,000 ～ | 1,175,000 | 113,160.0 | 56,580.0 | 133,860.0 | 66,930.0 | | |
| 47 | 1,210,000 | 1,175,000 ～ | 1,235,000 | 119,064.0 | 59,532.0 | 140,844.0 | 70,422.0 | | |
| 48 | 1,270,000 | 1,235,000 ～ | 1,295,000 | 124,968.0 | 62,484.0 | 147,828.0 | 73,914.0 | | |
| 49 | 1,330,000 | 1,295,000 ～ | 1,355,000 | 130,872.0 | 65,436.0 | 154,812.0 | 77,406.0 | | |
| 50 | 1,390,000 | 1,355,000 ～ | | 136,776.0 | 68,388.0 | 161,796.0 | 80,898.0 | | |

※厚生年金基金に加入している方の厚生年金保険料率は、基金ごとに定められている免除保険料率（2.4%～5.0%）を控除した率となります。

加入する基金ごとに異なりますので、免除保険料率および厚生年金基金の掛金については、加入する厚生年金基金にお問い合わせください。

◆等級欄の（ ）内の数字は、厚生年金保険の標準報酬月額等級です。

この表は、全国健康保険協会のWebサイトで閲覧できます。お勤め先がある地域（企業の所在地）の表をチェックしてください

Q&A 09

# 年金の繰り上げ受給・繰り下げ受給ってなに？

A9 遅くもらい始めると年金額が増える

公的年金には**老齢基礎年金（国民年金）**と**老齢厚生年金**があります。どちらも原則65歳から受給がスタートしますが、60歳から70歳の間で自由に年金を受け取る年齢を自分で決められるのです。「早くから受給できれば、それだけ老後の生活が楽になるのでは？」と思いがちですが、**スタート時期によって受給額に違いがあります。**

65歳よりも前に受給することを「繰り上げ受給」といい、この場合、受給額が減ってしまいます。1か月繰り上げるごとに受給額が0・5％減額され、**1年間繰り上げると6％減る**ことに……。60歳でもらい始めた場合には、65歳で受け取る場合よりも30％も減ってしまうのです。

一方、65歳よりも後から受給することを「繰り下げ受給」といい、こちらは受給額が増加します。1か月繰り下げるごとに0・7％増額され、**1年間繰り下げると8・4％増える**ことに。70歳からに繰り下げると42％年金額が増えます。公的年金保険は、終身年金です。繰り下げて増額された分が一生続くということになります。2022年4月からは繰り上げ受給の減額率が1か月0・4％になります。また、繰り下げができる年齢は75歳まで広げられます。

70歳で年金を受け取る場合、公的年金受給までの間をｉＤｅＣｏなどで受け取る。その間、無理のない範囲で働くのも一案です。70歳からは増えた年金で暮らすということも考えてみましょう。

会社員として60歳以降も継続して働く場合、厚生年金は70歳まで加入できるので、平均標準報酬額も増すことができ、さらに受給額を増やすこともできます。**年金の受給開始時期は、1か月単位で繰り下げ・繰り上げができます。**たった1か月繰り下げただけでも増額になるのですから、検討しておきましょう。

## 年金を受け取る年齢は60～70歳の間で選ぶことができる

（例）65歳で受給開始の年金額が月15万円の場合

早くもらうと1年ごとに
6%ずつ減ることに

遅くもらうと1年ごとに
8.4%ずつ増えることに

**60歳開始**
**月10万5000円**
**（受給額70%）**

**65歳開始**
**月15万円**
**（受給額100%）**

**70歳開始**
**月21万3000円**
**（受給額142%）**

繰り上げ受給

受給開始は
ここが基本！

繰り下げ受給

## 繰上げ受給の減額率と繰下げ受給の増額率

### 早く受け取ると老齢年金が減ってしまう

（例）65歳受給開始の年金額が78万円の場合

| | ～2022年3月 | | 2022年4月～ | |
|---|---|---|---|---|
| | 減額率 | 金額 | 減額率 | 金額 |
| 60歳 | 30% | 54.6万円 | 24.0% | 59.3万円 |
| 61歳 | 24% | 59.3万円 | 19.2% | 63万円 |
| 62歳 | 18% | 64万円 | 14.4% | 66.8万円 |
| 63歳 | 12% | 68.6万円 | 9.6% | 70.5万円 |
| 64歳 | 6% | 73.3万円 | 4.8% | 74.3万円 |

### 繰下げ受給で老齢年金を増やす

※金額は65歳受給開始の年金額が
78万円として計算

| | 増額率 | 金額 |
|---|---|---|
| 66歳 | 8.4% | 84.6 万円 |
| 67歳 | 16.8% | 91.1万円 |
| 68歳 | 25.2% | 97.7万円 |
| 69歳 | 33.6% | 104.2万円 |
| 70歳 | 42.0% | 110.8万円 |

2022年4月～
（受給開始年齢を75歳までに拡大）

| | 増額率 | 金額 |
|---|---|---|
| 71歳 | 50.4% | 117.3万円 |
| 72歳 | 58.8% | 123.9万円 |
| 73歳 | 67.2% | 130.4万円 |
| 74歳 | 75.6% | 137万円 |
| 75歳 | 84.0% | 143.5万円 |

2022年4月からは
受給開始年齢が75歳
まで拡大され、最大で
184%増額されます

Q&A 10

# 年金は待っていれば受給できるのですか？

**A10 請求しないと受け取れません**

会社員や公務員の場合、お給料は登録した銀行口座に振り込まれ、年金保険料は会社（役所）が手続きをして納めてくれています。そのため、年金を受け取れる年齢になったら、給料が振り込まれていた口座に年金が支払われるはず……、なんて思っていませんか。それは大間違いです。**年金は請求手続きをしないと受け取れません。**

　年金受給開始年齢に達し、老齢年金の受給権が発生する人には、65歳になる3か月前に、年金を受け取るために必要な**「年金請求書」**が日本年金機構から送られてきます。請求書が届いたら、基礎年金番号や年金加入記録などの記載情報に漏れや誤りがないかを確認し、必要書類を揃えて年金事務所に提出します。

　**配偶者の有無によっても添付書類は異なります。**事前に確認しておきましょう。ただし、65歳になる前に提出されたものは受け付けられないので注意が必要です。

　請求書を提出してから1～2か月後に**「年金証書・年金決定通知書」**が届きます。さらにその1～2か月後に年金支払いの案内が届き、年金の振り込みがスタートします。

　65歳より後に受け取りたい（繰り下げたい）場合は、受け取りたい年齢になったら「年金請求書」と**「老齢厚生年金・老齢基礎年金支給繰下げ請求書」**を提出しましょう。

　反対に65歳より前に受給したい場合は、年金事務所または年金相談センターで、繰り上げについての説明を受け、意思を確認したうえで、受給を希望するときに「老齢厚生年金・老齢基礎年金支給繰上げ請求書」を提出します。

## 老齢年金請求手続きの流れ

**65歳になる3か月前**

- 日本年金機構から「年金請求書」が届く

**65歳になる3か月前～65歳になるまで**

- 「年金請求書」の記載情報に誤りや漏れがないか確認
- 必要事項を記入

**65歳の誕生日の前日以降**

- 「年金請求書」と添付書類を年金事務所に提出

**65歳の誕生日の1～2か月後**

- 「年金証書・年金決定通知書」が届く

**「年金証書・年金決定通知書」が届いた1～2か月後**

- 年金支払いの案内が届き、年金を受け取り開始

老齢年金を受け取るには自分で手続きをする必要があります。
65歳になる前に「年金請求書」や添付書類を提出しても受け付けられないので注意しましょう

体験談 1

# 「投資したお金が2倍強に！今後もiDeCoを増額して将来に備えたい」

鈴木よしのさん（仮名）
40代・会社員
北海道在住

長期投資を始めてお金に対する意識が変わった

2008年にセゾン投信を知り、「この投信なら国際分散投資ができる」と思い、同年11月に積立投資をスタートしました。

世界全体に分散投資する投信なら、何かが起きても値動きはそれほど大きくないだろうし、**世界経済全体が成長を続けるなら価格が下がってもいずれ戻るだろう**と考えたのが、積立を始めた理由です。

月々1万円を直販口座で積み立てるほか、まとまったお金が入ったときなどにはスポット買い（積立とは別に、好きなときに好きな金額で買い付ける方法）もしています。

2017年1月にはiDeCo口座も開設し、月々5000円の積み立てを開始。20年1月と21年1月に、月々5000円ずつ増額し、現在は月々1万5000円を積み立てています。

iDeCoでの運用は将来のためのお金であり、運用期間も長期にわたるものなので、**大きな成長が期待できる株式型の投信**を選びました。

いままでやってきた積立に加えてiDeCoも始めたことで、長期投資でお金が育っている安心感が大きくなりました。そのおかげで**自動車という大きな出費（1年分の手取年収分）でも、必要なものは心配なく買うことができました。**

「長期・積立・国際分散」投資を始めてから、「本物の投資」が世界の経済を成長させることや、真っ当なものに真っ当な金額を支払う大切さなどを考えるようになりました。

お給料はなかなか増えませんが、iDeCoでの積立額を増やし、できればつみたてNISAも始めたいと考えています。

## 鈴木よしのさん（仮名）の投資ストーリー　（40代・会社員・北海道在住）

| | |
|---|---|
| 2005年 | 独立系運用会社の直販投信で積立スタート<br>→その後、積立は休止し、運用のみ継続 |
| 2008年 | セゾン投信を知り、「国際分散投資をしたい」と考える |
| 2008年11月 | 積立をスタート（月1万円）<br>（まとまったお金が入ったときには、スポット買いも行う） |
| 2017年1月 | iDeCoでの運用をスタート（月5000円） |
| 2020年1月 | iDeCoを月5000円増額 |
| 2021年1月 | iDeCoを月5000円増額 |

●積立による購入は将来の収益を保証したり、基準価額下落時における損失を防止するものではありません。
●掲載の情報は過去の一定期間の実績等であり、将来の運用成果等を保証するものではございません。
●あくまで本人の実績です。

少しずつでも
増額することが
大切ですね

体験談②

# 「『世の中のためになるお金の使い方と投資を実践していきたい』と考えるようになった」

高橋麗さん（仮名）
50代・会社員
福岡県在住

## 「日本の金融機関を変えたい」が心に響いた

セゾン投信の投資信託を積み立てるきっかけは、２００７年５月に、勉強会に参加したことです。

その前から株式投資などをやっていましたが、「顧客本位」の面などで疑問を感じることがありました。勉強会で日本の金融機関の問題点などの話を聞いて、疑問に思っていたことが腑に落ちたことに加え、**「世の中の役に立つお金の使い方」**や**「日本の金融機関を変えたい」**という発言が心に響きました。独立系運用会社や直販投資のあり方、顧客本位の業務運営などにも賛同できたこともあり、積立投資を始めることにしました。

月々3万円積み立てていますが、積立を始めて1年ほどたったときにリーマンショックが起きました。本当にビックリしましたが、時間をかけて将来のお金を準備することが目的であり、**「投資したお金は世の中のために働き、役立ってくれる」**と考え、積立投資を続けました。

あれから10年以上たち、**資産は2倍**くらいに増えています。当時の投資行動が間違っていなかったと意を強くしています。現在は、つみたてＮＩＳＡを活用し、ボーナス時にはスポット買いも行っています。

積立を始めてから、金融や経済などの勉強もしています。いちばんの変化は、投資の概念が変わったこと。積立投資を始める前は、「投資は怖いもの」だと思っていました。ですが、**いまは相場の変動に一喜一憂することなく、淡々と投資を続けています。**「本物の投資」や「お金の本質」について考えるようになり、「世の中のために投資を実践したい」と思うようにもなりました。この先も、働き続けられる間は、無理のない金額で積立投資を続ける予定です。

## 高橋麗さん（仮名）の投資ストーリー （50代・会社員・福岡県在住）

以前から株式投資などをやっていたが、
「腑に落ちないこと」があり、やめる

2007年7月　月3万円ずつ積み立てをスタート

2008年9月　リーマンショックが起きるが、「投資したお金は世の中のために働き、役立ってくれる。信じて積立投資を続けよう」と考える
（現在は、つみたてNISA口座を活用し、積立投資を続けながら、ボーナス時などにスポット買いも行う）

2018年10月　リーマンショックから10年
「本物の投資を淡々と続けていれば、お金も成長する」と実感

●積立による購入は将来の収益を保証したり、基準価額下落時における損失を防止するものではありません。
●掲載の情報は過去の一定期間の実績等であり、将来の運用成果等を保証するものではございません。
●あくまで本人の実績です。

投資は、
一喜一憂せず、
淡々と
続けましょう！

体験談③

# 「投資の知識がゼロだった私でも積立投資を続けて資産ができた！」

山口智美さん（仮名）
50代・会社員
千葉県在住

**働ける間は仕事も積立投資も続けたい！**

積立投資を始めるまで、投資の知識はまったくありませんでした。いまでも、あまり詳しくないかもしれません。

積立投資を始めたのは、２０１０年です。年金だけでは老後が不安だと思いながらも、お給料が入るとついつい使っていたこともあり、「将来のことも考えて貯蓄しなくちゃ」と思っていました。

ちょうどそんなときに、友だちから投資信託の積立のことを聞き、積立ならば、**預金感覚で毎月無理のない金額で引き落としてもらえるし、預貯金よりも効率良く資産を増やすことができそう**なので、とりあえず始めてみることにしました。

それに、投資の素人である私が勉強して運用したところで、結果はたかが知れています。

積立投資では**「買ったことを忘れるくらいがいい」**と聞き、私もそうすることにしました。その後、つみたてＮＩＳＡを活用すると、運用益にかかる税金を差し引かれずに済むと知り、２０１９年２月につみたてＮＩＳＡ口座を開設。積立額も月々３万円、ボーナス時は５万円に増額しました。

その年の12月に自動車を購入する際に、積み立てた資産をチェックしたところ、**１１０万円の投資元本が約１６１万円**になっていました。**「こんなに増えたの？」**とビックリしました。その一部を解約し、自動車を買い替える費用の頭金に充てました。

積立投資を始めて、必要なときに引き出せるお金ができたことで、将来についても安心感を持てるようになりました。

この先も働ける間は仕事を続けたいですし、積立投資も継続していきたいと考えています。

## 山口智美さん（仮名）の投資ストーリー （50代・会社員・千葉県在住）

| | |
|---|---|
| 2010年 | 特定口座で積立スタート（月1万円） |
| 2019年2月 | つみたてNISAスタート<br>（月3万円、ボーナス時5万円） |
| 2019年12月 | 特定口座の資産　投資元本110万円→約161万円に<br>このうち約113万円を解約し、自動車購入の頭金に充てる |

●積立による購入は将来の収益を保証したり、基準価額下落時における損失を防止するものではありません。
●掲載の情報は過去の一定期間の実績等であり、将来の運用成果等を保証するものではございません。
●あくまで本人の実績です。

つみたて NISA は、
必要なときに
引き出せる
ところも魅力です

# 「大規模ファンドだから大丈夫」は大きな誤解

個人投資家の方から「保有している投資信託がマイナスになっています。どうすればいいでしょうか？」というご相談を受けることがあります。そのほとんどが、かつて人気を集めた「大規模ファンド」で、しかも、「大きなファンドですから、いずれは買値には戻りますよね？」と、申し合わせたようにおっしゃいます。

私の答えは、残念ながら「必ず戻るとは限りません。信頼できないなら手放しましょう」です。

投資信託の規模を表す純資産残高は、「基準価額×受益権口数」で計算されます。5章のコラムでも触れましたが、流行りのテーマで資金が集まった大規模ファンドが、旬を過ぎて新たに買う人がいなくなった例は枚挙にいとまがなく、受益権口数は増えないばかりか解約だけが続いてパフォーマンスがさらに悪化することが不可避になります。

日本には、かつては人気を集めたものの人気が薄れて資金が流出したままの投資信託がたくさんあります。それでも、お金が残っているのは、「いつかは戻る」ことを待っている人がいるからでしょう。

自分が投資信託選びを誤ったと認識したのであれば、納得できないまま保有を続けるのは不合理で、新たに納得できる投資信託に投資し直して挽回するほうが合理的なのです。

「過ちては改むるに憚ることなかれ」

間違ったと気づいた投資信託は、潔く手放しましょう。そして、資産形成に適した投資信託に切り替えましょう。

ご留意事項

・本書に記載の内容は、著者個人の見解であり、所属する組織の見解ではありません。
・本書は情報提供のみを目的として作成されたものであり、特定の取引、商品の勧誘を目的にしたものではありません。また、信頼できると判断した情報等に基づき作成しておりますが、その正確性・完全性を保証するものではありません。
・本書のグラフ・数値等は、過去の実績・状況であり、将来の市場環境等や運用成果等を示唆・保証するものではありません。
・本書の中で記載されている内容、数値、図表等は特に記載のない限り、作成時のものであり、今後変更されることがあります。
・投資信託は値動きのある有価証券等に投資しますので基準価額は変動します。その結果、購入時の価額を下回ることもあります。また、投資信託は銘柄ごとに設定された信託報酬等の費用がかかります。各投資信託のリスク、費用についてはその投資信託の運用会社や販売会社などに直接お問い合わせください。
・積立による購入、および定期換金による解約は将来における収益の保証や、基準価額下落時における損失を防止するものではありません。また、値動きによっては、積立／定期換金よりも一括による購入／解約の方が結果的に有利になる場合もあります。
・本書は、売買の推奨、および投資助言を意図したものではありません。また、本書に掲げた情報を利用されたことによって生じたいかなる損害につきましても、著者および出版社はその責任を負いかねます。投資対象および商品の選択など、投資に関わる最終決定は、くれぐれもご自身の判断で行っていただきますよう、お願い申し上げます。

# おわりに

## 真っ当な投資に参加した人は　みんなが幸せになる！

中野　最後までお読みいただき、ありがとうございました。この本では、投資を始めたいと思っていても最初の一歩を踏み出せずにいる方に、ｉＤｅＣｏとつみたてＮＩＳＡを活用して長期でじっくり資産形成をする方法と、投資が必要な理由などについてお話しさせていただきました。

井戸　ｉＤｅＣｏとつみたてＮＩＳＡの制度についてご説明しました。このうちｉＤｅＣｏは、制度改正によって２０２２年４月以降、より使い勝手がよくなります。つみたてＮＩＳＡも口座開設期間が延長されます。この機会に、ぜひ始めてほしいですね。

中野　それにしても、21世紀になってから、世の中も私たちの生活も大きく変わりましたね。少し前までは、多くの人が「人生80年」を前提に、人生とお金のプランを考えていました。

井戸　ところが、いまや「人生１００年時代」。想定よりも20年長生きになったのです。家計や生活のあり方、働き方も含めてさまざまな面からライフプランを再考する必要がありますね。

中野　「定年までに老後資金をすべて準備しよう」という発想すら、もはや過去のものです。それに、運用をやめない限り、資産は増え続けるでしょう。

井戸　人生１００年時代は、健康を保ちながら、好きな仕事を自分に合った無理のない方法で、長く続けることが大切です。同時に、運用も続けることが必要だと考えています。そもそも、資産運用にゴールを設定する必要なんてありませんよね。

**中野**　同感です。インフレに弱い預貯金は、いまや安全な運用手段ではありません。投資を怖がって尻込みしていたら豊かな生活を送れなくなってしまいます。

**井戸**　積立投資はできるだけ長く続けたいですね。その際、iDeCoやつみたてNISAを活用しないのは、本当にもったいないと思います。運用益に課税されない分、普通に投資信託で運用したり、預貯金に入れておくよりも有利に運用することができるのですから。

**中野**　この2つは、本当に素晴らしい制度ですからね。生活者からすると、積立投資は一度設定したら、あとはほっておけることも魅力です。

**井戸**　そのとおりです。一般の生活者は投資のプロではないのですから、投資に時間をかけすぎる必要はありません。仕事や家族と過ごす時間、趣味など自分にとって大切なことに時間を使ったほうが人生を楽しめます。

**中野**　それに、40代でも50代でも、積立投資を始めるのに遅すぎることはありません。

**井戸**　100歳まで生きるとしたら、40代や50代はまだ折り返し地点です。長く働き、運用を続けて晩年への備えをする時期です。

**中野**　それに、真っ当な投資は決して怖いものではないんです。それどころか、参加した人全員がハッピーになれるんです。

**井戸**　この本を読んだあなたも、さっそく始めて幸せになってくださいね。

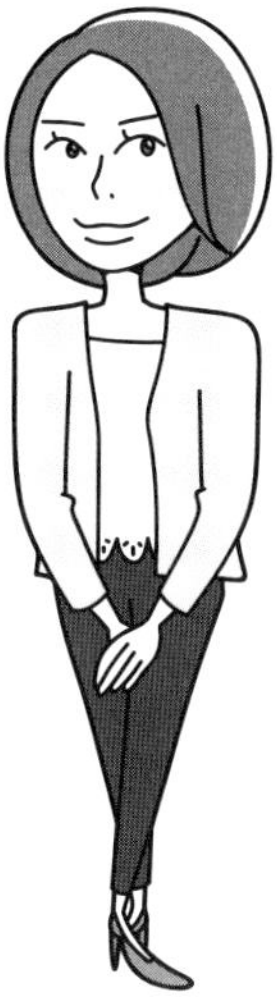

## 中野晴啓（なかの はるひろ）

セゾン投信株式会社 代表取締役会長CEO。セゾン文化財団理事、投資信託協会 副会長などを務める。セミナーは人気で「積立王子」という愛称で知られる。『個人型確定拠出年金iDeCoで選ぶべきこの7本!』(ビジネス社)、『普通の会社員が一生安心して過ごすためのお金の増やし方』（SBクリエイティブ)、『つみたてNISAはこの8本から選びなさい』（ダイヤモンド社)、『いま選ぶべきアクティブ投信この8本!』（日本実業出版社）など著書多数。

## 井戸美枝（いど　みえ）

CFP®、社会保険労務士。講演や執筆、テレビ、ラジオ出演などを通じ、生活に身近な経済問題をはじめ、年金・社会保障を専門とする。2021年3月まで社会保障審議会企業年金個人年金部会委員。同年4月からは国民年金基金連合会理事（非常勤）を務める。「難しいことでもわかりやすく」をモットーに数々の雑誌や新聞に連載を持つ。近著に『一般論はもういいので、私の老後のお金「答え」をください!』（日経BP社)、『残念な介護　楽になる介護』（日経プレミアシリーズ)、『私がお金で困らないためには今から何をすればいいですか?』（日本実業出版社）などがある。

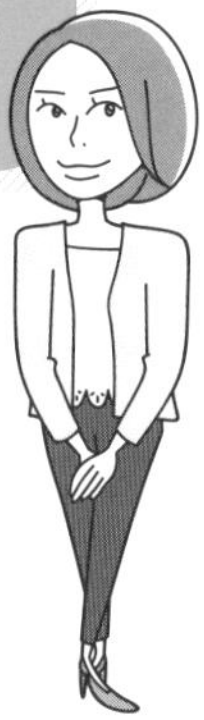


編集協力／石丸かずみ　大山弘子
デザイン・DTP／川瀬 誠
イラスト／熊野友紀子
校正／小西義之

# 今すぐできる！ iDeCoとつみたてNISA超入門

発行日　2021年12月10日　初版第1刷発行

著　者　中野晴啓　井戸美枝
発行者　久保田榮一
発行所　株式会社 扶桑社
〒105-8070
東京都港区芝浦1-1-1 浜松町ビルディング
電　話　03-6368-8887（編集）
03-6368-8891（郵便室）
www.fusosha.co.jp
印刷・製本　株式会社広済堂ネクスト





ISBN978-4-594-08949-8